Ngũgĩ wa Thiong'o

Afrika sichtbar machen!

Essays über Dekolonisierung und Globalisierung

Aus dem Englischen von Thomas Brückner

UNRAST

Bibliografische Information der Deutschen Bibliothek
Die Deutsche Bibliothek verzeichnet diese Publikation in der Deutschen Nationalbibliografie; detaillierte bibliografische Daten sind im Internet über www.dnb.ddb.de abrufbar.

Titel der Originalausgabe *Secure the Base: Making Africa Visible on the Globe*
Veröffentlicht in Absprache mit Seagull Books, London

Ngũgĩ wa Thiong'o: *Afrika sichtbar machen!*
Herausgegeben von stimmen afrikas und Eine-Welt-Forum Münster e. V.
Übersetzung aus dem Englischen von Thomas Brückner
2. Auflage, März 2022
ISBN 978-3-89771-276-8

www.unrast-verlag.de — kontakt@unrast-verlag.de
Mitglied in der assoziation Linker Verlage (aLiVe)
Umschlag: Helen Stelthove
Layout und Satz: helenstelthove.de
Druck: Multiprint, Kostinbrod

allerweltshaus
stimmen afrikas

.EINEWELTFORUM
Münsteraner Netzwerk für Entwicklungszusammenarbeit

Ngũgĩ wa Thiong'o

Afrika sichtbar machen!

Essays über Dekolonisierung und Globalisierung

Aus dem Englischen von Thomas Brückner

UNRAST

DER AUTOR

Ngũgĩ wa Thiong'o wurde 1938 in Limuru, Kenia geboren. Bis zu seiner Verhaftung im Jahr 1977 arbeitete er als Dozent an der Universität von Nairobi. Anlass der Verhaftung war ein in seiner Muttersprache Gĩkũyũ verfasstes Theaterstück. Auf Intervention von Amnesty International kam er nach einem Jahr frei und ging ins Exil nach London. Später siedelte Ngũgĩ wa Thiong'o in die USA über. Dort lehrte er Literaturwissenschaften unter anderem an der Yale University, der New York University und der University of California, Irvine. Seine Arbeit wird international gewürdigt. In diesem Jahr erhält er den Erich-Maria-Remarque-Friedenspreis der Stadt Osnabrück

Ngũgĩ wa Thiong'o ist Autor einer Vielzahl von Romanen, die überwiegend auch auf Deutsch vorliegen, z. B. *Der Fluss dazwischen*, *Verbrannte Blüten* und *Herr der Krähen*. Auf Deutsch erschienen drei Bände seiner Lebenserinnerungen *Träume in Zeiten des Krieges*, *Im Haus des Hüters* und *Geburt eines Traumwebers*. Von seinen theoretischen Schriften erschienen bisher in deutscher Übersetzung *Moving the Centre* und *Dekolonisierung des Denkens*.

DER ÜBERSETZER

Thomas Brückner (*1957), studierte Afrikanistik und Kultur- und Literaturwissenschaften. Er lebt in Leipzig und ist Gastprofessor in Deutschland und Schweden. Thomas Brückner übersetzte u.a. Werke von Ivan Vladislavić, Helon Habila und Abdulrazak Gurnah.

BONIFACE MABANZA BAMBU studierte Philosophie, Literaturwissenschaften und Theologie in Kinshasa und promovierte 2007 an Universität Münster zum Thema »Gerechtigkeit kann es nur für alle geben. Globalisierungskritik aus der afrikanischer Perspektive«, er ist u. a. Koordinator der Kirchlichen Arbeitsstelle Südliches Afrika (KASA) in Heidelberg und arbeitet hauptsächlich zu afrikabezogenen sozioökonomischen Fragen.

Ngũgĩ wa Thiong'os Essays mit dem deutschen Titel *Afrika sichtbar machen!* sind von großer Bedeutung für Bürger*innen der Einen-Welt, die sich dafür einsetzen, dass für zentrale gegenwärtige Herausforderungen der Menschheit Lösungen gefunden werden. Von großer Bedeutung sind sie besonders für all diejenigen, die sich für den afrikanischen Kontinent und seinen Platz in der Welt interessieren, und nicht zuletzt für Menschen afrikanischer Abstammung, denen die Vereinten Nationen die Internationale Dekade (2015 – 2024) widmen. Ngũgĩ wa Thiong'os Sorgen um Afrikas Erbe, seine Selbstwahrnehmung, seine Wahrnehmung von außen und vor allem um seinen Platz in der Welt sind in seinen Essays stets spürbar. In einer verständlichen Sprache und ohne zu viel vorauszusetzen, gelingt es dem Autor, die Aufmerksamkeit auf wichtige Themen zu lenken, die für Afrikas Rolle in der Weltgeschichte und vor allem für Afrikas Beziehungen zu den ehemaligen Kolonialmächten Europas an Aktualität nicht zu überbieten sind. Auch deshalb lohnt es sich für Europäer*innen, seine Bücher und seine Auseinandersetzung mit dem Kolonialismus, seinen fortdauernden Strukturen und Wirkungen sowie mit der Dekolonisierung kennenzulernen.

In Deutschland hat die Aufarbeitung der kolonialen Vergangenheit erst begonnen und die Erkenntnis fällt offenbar sehr schwer, dass der gegenwärtige gesellschaftliche Reichtum Europas historisch auf Sklaverei und koloniale Ausbeutung aufgebaut ist und noch gegenwärtig die Armut Afrikas bedingt. Viele Probleme des globalen Südens wie Bürgerkrieg, Korruption und Migration haben komplexe Ursachen, aber Entstehungsbedingungen finden sich auch in der Kluft zwischen reichen und armen Nationen. Und das ist das größte Verdienst Ngũgĩ wa Thiong'os: Er zeigt die erschreckenden Kontinuitäten der zerstörerischen Angriffe auf Afrika in den Begegnungen mit der sogenannten westlichen Welt auf. Ich nenne hier nur die Stichwörter Sklaverei, Kolonialismus, Neokolonialismus, Schuldensklaverei und Ausbeutung afrikanischer Ressourcen bis in die Gegenwart.

Dabei stellt Ngũgĩ wa Thiong'o Afrika nicht als Opfer dar, sondern er geht auch hart ins Gericht mit der Rolle — genauer ausgedrückt: den Verfehlungen — afrikanischer Eliten, weil sie die wahren Interessen des Kontinents und seiner Menschen verrieten und verraten und eine unheilvolle Allianz mit den Kräften bildeten und noch bilden, die zerstörerisch auf den Kontinent wirkten und wirken. Dass das Handeln solcher Eliten in Afrika noch immer von erschreckender Aktualität ist, ist daran zu erkennen, dass sie keine Notwendigkeit sehen, die Lebensmöglichkeiten der Bevölkerung entscheidend zu verbessern, um deren Rückhalt zu gewinnen. Die fehlende Legitimation von innen soll durch die Legitimation von außen ersetzt werden, zum Beispiel auf der diplomatischen Bühne, wo die Eliten als Staatsgäste oder als Gastgeber*innen für internationale Politiker*innen auftreten oder als Verhandlungspartner*innen bei Wirtschaftstreffen oder als Garant*innen einer auf Unrecht beruhenden politischen Stabilität. Legitimiert werden sie vom Ausland. Das war schon während des Kalten Krieges so, daran hat sich in vielen Ländern trotz formaler demokratischer Verfahren und Institutionen nichts Entscheidendes verändert. Im Kalten Krieg war die Macht quasi ein Geschenk für die Vertretung der Interessen eines der herrschenden Blöcke. Heute bedanken sich einige afrikanische Eliten, deren Staaten oft mit den strategisch wichtigsten Ressourcen des 21. Jahrhunderts gesegnet sind, für die Legitimierung von außen mit der Erteilung der wertvollsten Abbaukonzessionen zu lachhaften Preisen an ausländische Konzerne. Diese Unternehmen kommen nicht selten aus den Ländern, die sich durch die Verdinglichung des Schwarzen Menschen in der langen Geschichte von Sklaverei und Kolonialismus hervorgetan haben.

Trotz dieser negativen Rolle bestimmter afrikanischer Eliten, die Ngũgĩ wa Thiong'o stark betont, sind seine Essays nicht pessimistisch, sondern kämpferisch. Sie sind sogar voller Hoffnung, dass der Kontinent allen Gefahren und Angriffen von innen und von außen trotzen und es schaffen kann, zu sich selbst zu finden und seinen gerechten Platz in der Welt zu bestimmen. Dafür verfügt Afrika, so seine und auch meine Überzeugung, über viele intellektuelle, moralische und spirituelle Ressourcen. Die wichtigste von ihnen ist die Vielfalt seiner Sprachen und seiner Kulturen, die es zu sichern und als Motor der Transformation zu nutzen gilt, damit Afrika seinen Platz in der Welt selbst und selbstständig definieren kann. Dies ist für Ngũgĩ wa Thiong'o die Basis, und sie ist stark. Die Selbstdefinition ist Programm und dieses ambitionierte Programm ist aus verschiedenen Gründen notwendig. Ein Grund sind die vielfältigen Krisen, mit denen sich die Welt heute konfrontiert sieht — wie die ökologische Krise und der Klimawandel, die so bedrohlich sind, dass es um nichts Geringeres als um das Überleben der Menschheit geht. Angesichts der Tatsache, dass diese Krisen mit einem vorherrschenden Wirtschafts- und Gesellschaftsmodell zusammenhängen, welches vom Westen geprägt und dominiert wird, stellt sich die Frage, wie Auswege aussehen können, die nicht in der Linearität des Denkens verhaftet bleiben, das diese Krisen verursacht hat. Diese Auswege sind unter dem Begriff zu subsumieren, den die nigerianische Schriftstellerin Chimamanda Ngozi Adichie[G] benutzt: Pluralität. Diese gilt es neu zu entdecken, um die Pluralisierung des Denkens und des Handelns zu ermöglichen.

Adichie kritisiert die »single story«, die Afrika homogenisiert und auf das Bild eines defizitären Kontinents reduziert. Sie zeigt die Notwendigkeit, viele verschiedene Perspektiven einzunehmen, die andere Zugänge zum Kontinent ermöglichen. Nur die Überwindung der Fixierung auf »single stories« kann den Blick auf die Schätze des Kontinents öffnen, und diese gilt es sichtbar zu machen. Ngũgĩ wa Thiong'os Plädoyer, afrikanische Stimmen und Optionen des Lebens hörbar und erlebbar zu machen, ist so wichtig, weil es in Zeiten von Krisen gilt, an gebrochene Traditionen — in denen sich die Vielfalt und Vielschichtigkeit der Menschheit ausdrückt — zu erinnern, an sie anzuknüpfen und ihre schöpferischen Potentiale für den jetzigen Kontext zu entfalten.

Afrikanische Stimmen wurden von den dominanten Stimmen zum Verstummen gebracht und ihre alternativen Lösungsansätze für viele Probleme der Welt unsichtbar gemacht. Sie sichtbar zu machen, begründet sich nicht allein darin, dass sie existieren, sondern weil sie zeigen, dass sie auf dem afrikanischen Kontinent und darüber hinaus Wirklichkeiten prägen können — ganz im Sinne der Antwort Wole Soyinkas[G] auf die Négritude à la Senghor[G]: »Der Tiger verkündet

G Mit G gekennzeichnete Wörter werden im Glossar (ab S. 139) erläutert seine Tigritude nicht ... er springt!«. Dies soll eine Aufforderung an Afrika sein, sich nicht in Ankündigungen zu verlieren, sondern im Gegenteil: zu handeln. Ich ziehe daraus den Schluss, dass es darum geht, Menschlichkeit zu leben, indem man gemeinsam dort, wo dies im Kleinen, in dezentralen Räumen, schon geschieht, an Strukturen und Verfahren arbeitet und dann deren Übertragung auf die Makro-Ebene ermöglicht. Nur so kann es gelingen, Afrikas Beitrag auch zu Lösungen von Klima- und Umweltkrisen wirksam zu gestalten. Denn wenn sich diese Lösungen nicht nur auf technokratische Ansätze beschränken sollen, dann gewinnen afrikanische Traditionen, mit ihrer Spiritualität der Nachhaltigkeit und ihrer intergenerationellen Verantwortungsethik, die die Mitwelt immer einbezieht, an Bedeutung. Das gilt auch für das alte Wissen aus verschiedenen afrikanischen Regionen — etwa in der Landwirtschaft — angesichts des Klimawandels. So entwickelte der Bauer Yacouba Sawadogo[G] aus Burkina Faso eine fast vergessene Anbautradition für die Pflanzung von Hirse und Bäumen weiter. Er erhielt 2018 den ›Alternativen Nobelpreis‹ und wird als der Mann bezeichnet, der die Wüste aufhält.

Die Selbstdefinition Afrikas bedeutet auch, betont Ngũgĩ wa Thiong'o, die Komplexität der Wirklichkeiten zu berücksichtigen und den Kontinent aus dem Stereotyp der gänzlichen Fremdheit zu befreien, in das es lange eingezwängt worden war, als wäre Afrika kein Teil der Welt. Afrika ist genauso komplex und vielschichtig wie jeder andere Raum der Erde, so die Botschaft Ngũgĩ wa Thiong'os. Die Reduktion afrikanischer Wirklichkeiten auf einfache Denkmuster hat eine lange Geschichte und war Teil des großen Projektes, afrikanische Kulturen herabzusetzen, um den grausamen Umgang mit den Afrikaner*innen in der Versklavung und während des Kolonialismus zu rechtfertigen.

Dort, wo in Afrika komplexe politische Systeme — wie zum Beispiel mit männlichen und weiblichen Machtzentren — für einen Ausgleich der Interessen zugunsten der Allgemeinheit sorgten, wollten die Kolonialisten nur männliche Strukturen für sich gewinnen, deren Macht sie für ihre Zwecke stärkten. Ein Beispiel ist die Rolle der ›Queen Mother‹ in vielen Gesellschaften der heutigen Republiken Togo und Ghana. Sie verstanden die Queen Mother als eine mit Kompetenz und entsprechenden Befugnissen ausgestattete politische Instanz, deren Funktion u.a. darin bestand, letztlich Entscheidungen im Sinne der Interessen der Allgemeinheit zu überprüfen. Diese Praxis wurde von den Kolonialverwaltungen ausgeschaltet. Erst während der Ausarbeitung der neuen Verfassung Ghanas wurde die Debatte darüber belebt, dass das, was als Tradition mit der Betonung der Macht der Könige galt (ein Begriff, der auch eine Übertragung westlicher Wirklichkeiten auf afrikanische Wirklichkeiten darstellt), nur eine korrumpierte Version der ursprünglichen Tradition ist. Mit den traditionellen komplexen Strukturen wollten die Kolonialisten nichts zu tun haben. Ihre Interventionen trugen im Laufe der Jahrhunderte zur Entwicklung monolithischer Strukturen bei, die heute interessanterweise afrikanischen Traditionen angelastet werden. Es erscheint paradox, dass westliche Entwicklungsprojekte seit einigen Jahren etwa versuchen, die vom westlichen Kolonialismus unterdrückten Stimmen von Frauen, deren Interessen und deren Repräsentation in politischen Ämtern wieder stärker zu berücksichtigen.

Komplexität zu berücksichtigen, bedeutet für Ngũgĩ wa Thiong'o nicht, die über Jahrhunderte entstandenen Probleme des Kontinents zu leugnen, sondern deren tatsächliche Ursachen in Angriff zu nehmen und sich nicht mit einfachen Erklärungen, etwa für Konflikte, zufrieden zu geben. Afrika sichtbar zu machen, heißt für ihn, die Vielfalt afrikanischer politischer Traditionen wiederzuentdecken. Überlieferungen gibt es mehr als genug: Ngũgĩ wa Thiong'o erzählt von Jomo Kenyatta [G], der die Selbstorganisation in vielen gesellschaftlichen Bereichen der Gĩkũyũ [G] beschreibt; und Nelson Mandela erzählt in seiner Autobiografie von seinen Erfahrungen mit tiefen demokratischen Traditionen bei den Xhosa [G], die sein Bekenntnis für Demokratie beeinflusst haben, für deren Verwirklichung er später gegen Nachkommen von Europäer*innen kämpfen und ins Gefängnis gehen musste. Mandela illustriert dies mit dem Ablauf von Versammlungen, in denen durch offene öffentliche Diskurse die Mitbestimmung der Einzelnen möglich wurde.

Dies sind nur einige Beispiele von lebendigen politischen Traditionen, die Teile des Kontinents geprägt haben. Momente zu identifizieren, die Brüche solcher Traditionen markieren, um daran wieder anknüpfen zu können, sollte Bestandteil des Prozesses der Dekolonisierung sein — nicht um Strukturen der Vergangenheit einfach auf die Gegenwart zu übertragen, sondern um Elemente aus diesen Traditionen freizulegen, die für den Aufbau politischer Strukturen im heutigen Kontext relevant sein können. Wenn Menschen aus Afrika so handeln würden, trügen sie zur Sicherung ihrer Geschichten und ihrer Geschichte bei, ganz im Sinne des englischen Titels der vorliegenden Essaysammlung von Ngũgĩ wa Thiong'o *Secure the Base* (Die Grundlagen sichern). Dies ist der erste Schritt zur ›Auswicklung‹, denn Afrika und seine Menschen wurden in die Geschichte der Europäer ›eingewickelt‹. Dass der Kontinent sich von solchen Vorstellungen befreien muss, ist eine Botschaft Ngũgĩ wa Thiong'os, die von anderen Stimmen des Kontinents wie Yash Tandon [G], Felwine Sarr [G] und Achille Mbembe [G] bekräftigt wird.

Die Übersetzung von lebendigen und fruchtbaren Elementen der jeweils eigenen Traditionen in die gegenwärtigen Zusammenhänge wäre die Konkretisierung der Geschichtsschreibung durch die Afrikanerinnen und Afrikaner selbst. Davon träumte Patrice Lumumba [G], als er 1960 aus dem Gefängnis schrieb, dass eines Tages Afrika eine eigene Geschichte verfassen werde: »Doch es wird nicht die Geschichte sein, welche in Brüssel, Paris, Washington oder den Vereinten Nationen gelehrt wird. Es wird die Geschichte sein, die in den Ländern gelehrt wird, welche die Freiheit vom Kolonialismus und seinen Puppen gewonnen haben. Afrika wird seine eigene Geschichte schreiben, und in beiden Teilen, im Norden und Süden, wird es eine Geschichte voller Glorie und Würde sein.« Es wird darum gehen, Geschichte nicht nur anders zu schreiben, sondern Geschichte zu machen, indem die Potentiale des Kontinents durch die Schaffung politischer, wirtschaftlicher und kultureller Strukturen genutzt werden, die eines ermöglichen: sich zu entfalten.

Zu den wichtigsten Themen, die Ngũgĩ wa Thiong'os Essays durchziehen, gehört der Panafrikanismus. Er erinnert an die ursprüngliche Vision afrikanischer Intellektueller sowohl auf dem Kontinent als auch in der Diaspora, der zufolge Panafrikanismus ursprünglich zwei Hauptfunktionen erfüllen sollte: eine gemeinsame Abwehrfront nach außen und die Förderung der Solidarität nach innen. Mit anderen Worten: Afrika muss sich nach außen schützen, um sich nach innen öffnen zu können. Die Notwendigkeit einer gemeinsamen Abwehrfront liegt in der von Kwame Nkrumah [G] sehr früh artikulierten und von Ngũgĩ wa Thiong'o bekräftigten Überzeugung »Unite or perish« (Vereinigt euch oder geht unter). Kleine Länder haben nur eine Chance, sich im globalen Wettbewerb zu behaupten, wenn sie sich zusammentun. Nur so vermeiden sie, gegeneinander ausgespielt zu werden. Aktueller kann diese Botschaft nicht sein, wenn man die asymmetrischen Kräfteverhältnisse bei Verhandlungen betrachtet, die einzelne afrikanische Länder über Ressourcen, Handel, Investitionen oder Klima mit globalen Mächten führen. Die negativen Effekte zeigen sich vor allem im Wettbewerb um ausländische Direktinvestitionen, wenn sich afrikanische Regierungen nationalstaatlich der Übermacht transnationaler Konzerne ausliefern. Im Endeffekt erweisen sich ausländische Direktinvestitionen dann in vielen Fällen als Lizenzen zur Ausplünderung der Ressourcen.

Einige afrikanische Eliten vertrauen in ihrer Außenorientierung auf Rezepte von Institutionen wie Weltbank, Internationalem Währungsfonds oder Welthandelsorganisation, die den Namen nach multilateral sind, aber von den Interessen der Mächtigen dominiert werden. Afrikanische Eliten erliegen nun aber oft der Illusion, dass ausländische Investitionen die Entwicklungskrise ihrer Länder lösen würden. Dafür sind sie jederzeit bereit, alles in Gang zu setzen, um die Bedingungen zu erfüllen, die ausländische Geldgeber ermutigen, in ihrem Land und nicht beim Nachbarn zu investieren. Die ›Gestaltung der Rahmenbedingungen‹ für Investitionen — eine gern gepflegte Rhetorik — bedeutet dann eine übertriebene Unternehmensfreundlichkeit, die darin Ausdruck findet, dass ausländische Firmen, die in afrikanischen Ländern investieren, bis auf ein paar Ausnahmen wie Fremdkörper agieren. Sie weigern sich, zu lokalen Akteur*innen zu werden, die existierende Arbeitsnormen, Umweltauflagen und demokratische Mitbestimmungsrechte akzeptieren. Stattdessen kämpfen sie für ›Sonderwirtschaftszonen‹, in denen ihre eigenen Gesetze gelten. Sie beuten die Menschen und die Schätze des Kontinents aus, ohne konsequent Steuern zu zahlen, und das tun sie sogar legal, weil afrikanische Regierungen sie in ihrer Großzügigkeit uneingeschränkt handeln lassen. So verlieren diese Regierungen die nationale Kontrolle über die Wirtschafts- und Sozialpolitik, die ein substanzieller Bestandteil der Unabhängigkeit von postkolonialen Strukturen sein sollte.

Die Befreiung beginnt im Kopf. Selbstbestimmung wieder zu gewinnen und sich dezidiert zu weigern, sich von fremden Mächten führen zu lassen, ist aber nicht die erste Etappe. Die erste Etappe besteht darin, den Irrglauben aufzugeben, dass afrikanische Länder nicht überleben könnten ohne ausländische Direktinvestitionen, ohne ›gute‹ Beziehungen zum IWF[G], zur Weltbank, zur Welthandelsorganisation, zur EU, zu den USA und neuerdings auch zu China. Internationales Kapital und gute Beziehungen zu internationalen Finanzinstitutionen öffnen Türen zur Auferlegung von Konditionen, die die nationale Unabhängigkeit auf eine Formalität reduzieren. Afrika sichtbar zu machen bedeutet in der Wirtschaft, die Doppelabhängigkeit von Importen und Exporten, von ausländischen Direktinvestitionen und Expertentum zu beenden, um die lokalen Potentiale besser nutzen zu können. Das heißt unter anderem, bei der Produktion und Vermarktung von Waren oder Dienstleistungen lokale gegenüber ausländischen Unternehmen zu bevorzugen. Zur Außenorientierung gibt es nur die Alternative, die lokalen Ressourcen besser zu mobilisieren, was neben der Effizienzsteigerung der Verwaltungen auch den Kampf gegen Korruption beinhaltet und darüber hinaus eine Erhöhung der Sparquote, die Kanalisierung der Ersparnisse in die produktivsten Bereiche der Wirtschaft und die Anwendung aller Maßnahmen, die lokalen Unternehmen helfen können: Kreditmöglichkeiten, Produktionssubventionen, Exportanreize und Schutz des Inlandsmarktes.

Ein Bereich in den meisten afrikanischen Ländern, der von ausländischen Konzernen dominiert wird, ist der Bergbau, einer der am meisten von Korruption betroffenen Sektoren. Statt den Kontinent zu entwickeln, produziert er viel Leid und Zerstörung. Die Korruption untergräbt die verantwortungsvolle Verwaltung der Ressourcen, insbesondere durch die Förderung der illegalen Ausbeutung, der schlechten Umwelt- und Sozialpraktiken sowie durch die Erosion der staatlichen Steuerbasis. Hier geschieht genau das Gegenteil dessen, was Ngũgĩ wa Thiong'o betont: die Notwendigkeit, die materiellen Ressourcen zu schützen und dadurch die Verantwortung für die Zukunft des Kontinents zu übernehmen. Dabei kommt es im Wesentlichen darauf an: Konzepte zu entwickeln, die von dem ausgehen, was Afrika hat, was es anderen Kontinenten geben kann oder will und welche Art von Außenbeziehungen es braucht, um das zu sein, was es sein will.

In einer Welt, in der es Platz für verschiedene Entwicklungswege und eine multipolare Ordnung geben muss, hat sich Afrika so zu positionieren, dass niemand von außen sich das Recht nimmt zu bestimmen, was dort geschieht und dass niemand sich im Namen von Moral und Entwicklung mit pseudo-altruistischen Konzepten in seine Angelegenheiten einmischt. Nur so kann es gelingen, ein Afrika aufzubauen, das ein Paradies für Afrika selbst ist, wie Ngungi wa Thiong'o schreibt, anstatt ewig ein Paradies für die anderen zu bleiben, die der Kontinent als Reservoir billiger Arbeitskräfte und Rohstoffe oder als Nettoexporteur von Devisen durch Schuldendienst und illegale Kapitalabflüsse durchfüttert. Alle afrikanischen Initiativen, einschließlich derjenigen mit gut klingenden Namen wie ›Afrikanische Freihandelszone‹, müssen sich daran messen lassen, inwiefern sie die Unabhängigkeit stärken und somit die Sichtbarkeit des Kontinents erhöhen. Ngũgĩ wa Thiong'o ist die Klarstellung zu verdanken, dass solch eine Umorientierung mit einer grundlegenden Besinnung beginnt — mit dem Glauben an sich selbst.

Boniface Mabanza Bambu

Vorwort

Die Sorge um den Platz Afrikas in der Welt von heute eint die folgenden Essays. Jede Diskussion über den Kontinent hat einzubeziehen, aus welchen Tiefen heraus Afrika erstanden ist und auch gegen welche gewaltigen Mächte — vom Sklavenhandel über die Sklaverei und den Kolonialismus bis hin zur Schuldensklaverei — es sich zur Wehr setzen musste und muss. Allen Widrigkeiten zum Trotz ist viel Gutes dabei entstanden. Das gibt Grund zur Hoffnung. Gleichzeitig muss eine solche Diskussion auch berücksichtigen, was Afrika falsch gemacht und welche Verbrechen es an sich selbst begangen hat. Entscheidend ist hier die Stellung der herrschenden Mittelklasse im Verhältnis zum Volk und zu den äußeren Kräften. Teile dieser Mittelschicht haben in der Vergangenheit kollaborierend gegen die grundlegenden Interessen des Kontinents gehandelt. Selbst Sklavenhandel und Kolonialismus kamen nicht ohne afrikanische Kollaboration zustande. Zum Glück bemühte sich zugleich ein anderer Teil dieser Mittelklasse um eine Allianz mit dem Volk, stellte sich gegen den Eindringling von außen und seine afrikanischen Kollaborateur*innen. Noch immer stellt sich die Frage, der sich frühere Generationen und Manifestationen der Mittelklasse gegenübersahen: Wem fühlt sie sich verantwortlich — dem Volk oder den externen Zentren der imperialen Macht? Sieht sie sich als Rentière, die von den Ressourcen lebt, oder als Gestalterin, der aus den Ressourcen schöpft? Zwar sind diese Essays für unterschiedliche Anlässe und zu unterschiedlichen Zeiten geschrieben worden, aber das Thema der den Westen imitierenden Mittelklasse, die sich von ihrer Basis im Volk absetzt, bleibt als gemeinsamer Nenner.

Eine andere Frage, die sich noch immer stellt, ist das Problem der Nuklearwaffen. Das mag angesichts der drängenden Probleme Afrikas weit hergeholt erscheinen. Doch gibt es dringende Gründe dafür, dass Afrika an vorderster Front dafür eintreten soll und muss, Nuklearwaffen abzuschaffen und nicht weiterzuverbreiten. Afrika ist der einzige Kontinent, der das moralische Recht dazu hat, weil es der einzige Kontinent ist, auf dem zwei Staaten, Südafrika und Libyen, freiwillig (wenn auch zweifellos unter Druck) ihre jeweiligen Nuklearprogramme eingestellt haben. Libyen übergab sogar sein Nuklearmaterial den USA zur Aufbewahrung. Und was erhielt Libyen im Gegenzug? Nuklear bewaffnete NATO-Staaten[G] intervenierten militärisch und verwandelten das Land in einen gänzlich rechtlosen Staat, der von einem Bürgerkrieg zerrissen ist. Eine paradoxe Belohnung für seine Willfährigkeit! Die Afrikanische Union, angeblich die Stimme Afrikas, wurde mit Verachtung übergangen. Afrikas Eigeninteresse verlangt, dass es bei der Frage der Massenvernichtungswaffen ein Mitspracherecht hat, denn es ist, ob es uns passt oder nicht, längst in die nukleare Praxis und Politik einbezogen. Frankreich hat seine ersten Atomwaffenversuche in Afrika durchgeführt und Israel angeblich während der Apartheidzeit auf der Prince Edward Insel[G]. Afrika ist ein Lieferant von Uran, einer wesentlichen Komponente von Nuklearwaffen. Während der amerikanischen Invasion des Irak wurde der Niger wegen der unbegründeten Anschuldigung, dass Saddam Hussein dort Uran gekauft habe, in die Auseinandersetzung hineingezogen.

Es gibt noch stets eine größere Ironie der Geschichte. Frankreich, Großbritannien und die USA — die drei führenden westlichen Nuklearmächte — haben eine Geschichte der Sklaverei und des Kolonialismus. Sklaverei, Kolonialismus und Nuklearbewaffnung werden in gewisser Weise von demselben Trieb gesteuert — der Verachtung für das Leben anderer Menschen, vor allem für das Leben Schwarzer[G] Menschen. Der Erste wie der Zweite Weltkrieg waren europäischen Ursprungs, doch Afrika wurde mit hineingezogen. Gibt es irgendeinen Grund anzunehmen, dass Afrika nicht auch in den nächsten Krieg hineingezogen werde, selbst wenn er woanders ausbräche?

Und es stellt sich die Frage des Überlebens: Afrikaner*innen sind Teil der Menschheit; und Nuklearwaffen stellen, ungeachtet dessen, in wessen Händen sie sich befinden, eine Bedrohung der Menschheit dar. John Donne[G] schrieb:

»Kein Mensch ist eine Insel,
In sich ein Ganzes.
Jeder Mensch ist ein Stück des Kontinents,
Teil des festen Landes.
...
Jedes Menschen Tod ist mein Verlust,

Denn die Menschheit geht mich an;
Und darum verlange nie zu wissen,
Wem die Stunde schlägt;
Sie schlägt für dich.«[1]

Donnes Anruf ist auch für unsere heutige Welt relevant, mehr noch als damals, als er diese Worte niederschrieb, weil unser gemeinsamer Planet von den menschengemachten, profitgetriebenen Zwillingswaffen der Massenvernichtung bedroht wird — den Umweltverbrechen der führenden Mächte des Erdballs und den Nuklearwaffen.

Die Sorge um die Sichtbarkeit Afrikas auf dem Globus bildet zwar mein Hauptanliegen, doch schrieb ich diese Essays zu unterschiedlichen Anlässen. Der erste Essay zum Begriff ›Stamm‹ in der afrikanischen Politik geht auf einen Vortrag zurück, den ich am 28. April 2008 an der University of Hawaii at Manoa als Inhaber des Dan and Maggie Inouye Distinguished Chair in Democratic Ideals hielt. Während ich verstehen kann, weshalb die Verleumder nicht-europäischer Völker ein Interesse daran haben, das Wort ›Stamm‹ auf sie anzuwenden, ist es mir nie gelungen, einen Sinn darin zu entdecken, warum afrikanische, pazifische, indigen-amerikanische und indische Intellektuelle sich diesen abwertenden Begriff zu eigen gemacht haben. Es verblüfft mich noch immer, weshalb über vierzig Millionen Yoruba ein Stamm und fünf Millionen Dänen eine Nation sein sollen! Oder warum europäische Völker nicht den Begriff Stammesangehörige an die Namen ihrer Gemeinschaften oder Anführer*innen angehängt bekommen. Jede Gemeinschaft besitzt einen Namen, mit dem sie sich identifiziert. Sprecht sie mit diesem Namen an! Wir reden von den Engländer*innen oder dem englischen Volk; den Französ*innen oder dem französischen Volk; den Chines*innen oder dem chinesischen Volk, den Russ*innen oder dem russischen Volk. Wendet das auf alle Gemeinschaften an, auf die

1 John Donne: *Meditation XVII*, http://www.online-literature.com/donne/409/ (zuletzt abgerufen am 5. August 2019), Übersetzung TB

kleinen wie die großen, in Afrika und auf der ganzen Welt. Sperrt sie nicht in begriffliche Schubladen. Ruft sie einfach bei dem Namen, mit dem sie selbst sich identifizieren.

Der zweite Essay zu afrikanischen Identitäten und zur Globalisierung beruht auf einem Vortrag aus dem Jahr 2004 am Macalester College in St. Paul, Minnesota. Das dritte Kapitel über Sprache und den afrikanischen Intellektuellen wurde für die Grande Finale Conference vom 10. bis 12. Dezember 2003 im senegalesischen Dakar geschrieben, mit der der dreißigste Jahrestag des Council for the Development of Social Science Research in Africa (CODESRIA[G]) gewürdigt wurde. Bei diesem Essay handelt es sich um eine beträchtlich überarbeitete und gekürzte Fassung, doch blieben die wesentlichen Punkte erhalten: Es ist selbstverständlich nicht möglich, eine inhaltliche Debatte über Ideen zu führen, die Afrika betreffen, ohne die intellektuelle Absurdität einzubeziehen, dass sich der größte Kontinent der Erde von seinen Sprachen abwendet und dennoch ernstgenommen werden will.

Der vierte Essay zur weltweiten Verantwortung für den Schutz der Menschheit war Bestandteil eines informellen interaktiven Gesprächs über die »Responsibility to Protect« (Die Pflicht zu schützen) an der Trusteeship Council Chamber vor der Debatte der Generalversammlung der Vereinten Nationen zum selben Thema am 23. Juli 2009 in New York. Ich bin besorgt, dass der Westen unter dieser Überschrift versteht, die Pflicht zu haben, Afrika vor sich selbst ›zu schützen‹. Was, wenn Afrika sich seiner Pflicht stellte, Europa und Amerika zu schützen und dort zu intervenieren? Wahrhaft demokratische und repräsentative Vereinte Nationen wären neben einem wahrhaft demokratischen und repräsentativen Sicherheitsrat die notwendige Voraussetzung dafür, dass sich jeder Staat dieser Verantwortung stellt. Wir haben bereits erleben müssen, wie eine edle Idee wie der Internationale Gerichtshof in ein Instrument verwandelt wurde, das bei Verbrechen gegen die Menschlichkeit, wie sie offen von den mächtigen Nationen begangen werden, blind ist, aber sich sehr wachsam bei jedem in Afrika begangenen verhält. Es ist nicht so, dass diese Verbrechen weniger schlimm sind, unabhängig davon, ob sie von afrikanischen oder westlichen Regierungen begangen werden. Eine westliche Regierung, die innerhalb ihrer Landesgrenzen oder in gemieteten Folterkammern anderer Länder Folter billigt, sollte an denselben Maßstäben gemessen werden wie Regierungen andernorts. Wenn es um die Gerechtigkeit innerhalb einer und zwischen verschiedenen Nationen geht, ist es immer wieder wie bei »König Lear«:

> Zerlumptes Kleid bringt kleinen Fehl ans Licht,
> Talar und Pelz birgt alles. Hüll' in Gold die Sünde,
> Der starke Speer des Rechts bricht harmlos ab,
> in Lumpen, des Pygmäen Halm durchbohrt sie.[2]

Die Sklaverei war eines der größten Verbrechen gegen die Menschlichkeit, für das sich zu entschuldigen der Westen nie für nötig erachtet hat. Vierhundert Jahre unbezahlter Arbeit werden als etwas abgetan, das nicht der Erwähnung wert ist. Der fünfte Essay, eine Aussage zur Sklaverei, war Teil einer NGO[G]-Einweisung am 26. März 2009. Anlass war der International Day of Remembrance of the Victims of Slavery and the Transatlantic Slave Trade 2009.

Dem sechsten Essay liegt ein ähnliches Thema zugrunde: die Rolle des Intellektuellen im 21. Jahrhundert. Den Vortrag hielt ich 2005 bei der Modern Language Association Convention in Washington. Ich konnte mich einer indirekten Kritik der gegenwärtigen Konzeptualisierung und Periodisierung der ›Moderne‹ und der ›Postmoderne‹ nicht enthalten. Die erste Explosion einer Atombombe im Jahr 1945 markiert einen deutlichen historisch-ontologischen Bruch zwischen einer Vergangenheit, in der keine menschliche Technologie in der Lage war, das Leben vollständig auszulöschen, und dem Beginn einer andauernden Gegenwart, in der eine solche Technologie über alles herrscht. Doch taucht diese Tatsache in der Diskussion um die Konstitution der Moderne und der Postmoderne oder ihrer verschiedenen Post-Posts keineswegs an prominenter Stelle auf. Technologie des

2 William Shakespeare: *Sämtliche Werke*, Band 4: Tragödien, Berlin und Weimar: Aufbau-Verlag, 1975, S. 582

Menschen für den Tod der Menschheit — das definiert viel grundsätzlicher unser Zeitalter, als es alle linguistischen Grübeleien über Wörter und Syntaxanalysen vermögen.

Der siebte Essay über das Schreiben für den Frieden führt Gedanken zusammen, die ich bei der Interlit 82[G] in Köln vorstellte. Mich faszinierte die Tatsache, dass zwei Länder, Deutschland und Korea, durch Mauern geteilt waren. Mauern, die ihren Ursprung im Zweiten Weltkrieg und seinen Folgen hatten. Die Mauer als Barriere zwischen Nationen, Gemeinschaften und gesellschaftlichen Klassen fasst alle Essays thematisch zusammen. Diesen Essay speist mein andauerndes Interesse an Aspekten des Friedens und der Stabilität, die sich auf die Gleichheit von Völkern und Nationen gründen.

Allen Essays liegt zudem der Ruf nach einer visionären, geeinten afrikanischen Führung zugrunde, die den Kontinent und seine Ressourcen schützt und Verantwortung für seine Zukunft übernimmt. Afrika, mit riesigen menschlichen und natürlichen Ressourcen ausgestattet, ist der größte Kontinent der Erde. Seine Einkesselung — ihm wird ein ständiger Sitz im Sicherheitsrat der Vereinten Nationen verweigert, er wird definiert in Begriffen wie nördlich und südlich der Sahara, zudem in europhone Zonen (französisch-, englisch-, portugiesisch-, spanischsprachig), es steht allen externen Kräften frei, dort zu intervenieren — hängt mit dieser Tatsache zusammen. Haltet Afrika auf ewig schwach, auf ewig geteilt, auf ewig in religiöse Kriege verwickelt, auf ewig zum Kauf von Waffen und Kriegsgerät gezwungen, haltet Afrika auf ewig dazu an, das Militär gegen afrikanische Bevölkerungen einzusetzen, auf ewig in dem Glauben, dass der Westen — und besonders Europa — das Paradies bedeutet. Tatsache ist, dass Europa und der Westen in den vergangenen vierhundert Jahren Afrikas Hölle gewesen sind — und Afrika das Paradies Europas. Aus Afrika muss Afrikas Paradies werden. Doch kann dies nur Afrika allein in die Wirklichkeit umsetzen und sich zu einem respektierten Akteur in der Welt erheben. Es muss seinen Stolz auf sich wiederentdecken und bekräftigen, zu allererst, indem es das Leben der Geringsten unter uns respektiert. Indem es den afrikanischen Körper respektiert. Dazu muss die afrikanische Führung, eine neue, wie ich hoffe, mit dem Geschäft aufhören, Afrika zum ewigen Geber des Westens zu machen, und auf der Grundlage der Gegenseitigkeit mit der Welt in Beziehung treten — gleichberechtigtes Geben und Nehmen. Der Weg dahin besteht selbst unter kapitalistischen Voraussetzungen darin, einen gemeinsamen intra-afrikanischen Markt zu schaffen, der nach intra-afrikanischer Kommunikation verlangt — von Dorf zu Dorf, zwischen Stadt und Stadt, Region und Region, in Ost, West, Nord und Süd. Die Herausforderung ist, die afrikanische Vielfalt von Sprachen, Kulturen und Religionen zu einer Stärke zu machen, nicht zu einer Schwäche. Nur ein geeintes Afrika und eine Vision vom Morgen können den Kontinent sichtbar machen. Das neue Afrika muss sich in Afrikas Rolle in der Welt widerspiegeln.

Dieses neue, selbstbewusste Afrika wird seine Stimme auch überall da auf der Welt hörbar erheben, wo es um die Behandlung von Völkern afrikanischen Ursprungs geht, wo immer sie auf der Welt leben. Werden Schwarze Menschen in den USA, in Südamerika, Europa, Asien und dem Nahen Osten verfolgt oder schlecht behandelt, muss das wieder auflebende Afrika in der Lage sein, sie zu verteidigen. Marcus Garvey hat einst ein Afrika für die Afrikaner gefordert, im eigenen Land und auf der ganzen Welt. Afrika in der Welt sichtbar zu machen, indem wir als erstes unsere Grundlagen sichern, wird ein wichtiger Schritt hin zur Erfüllung dieses Traums sein.

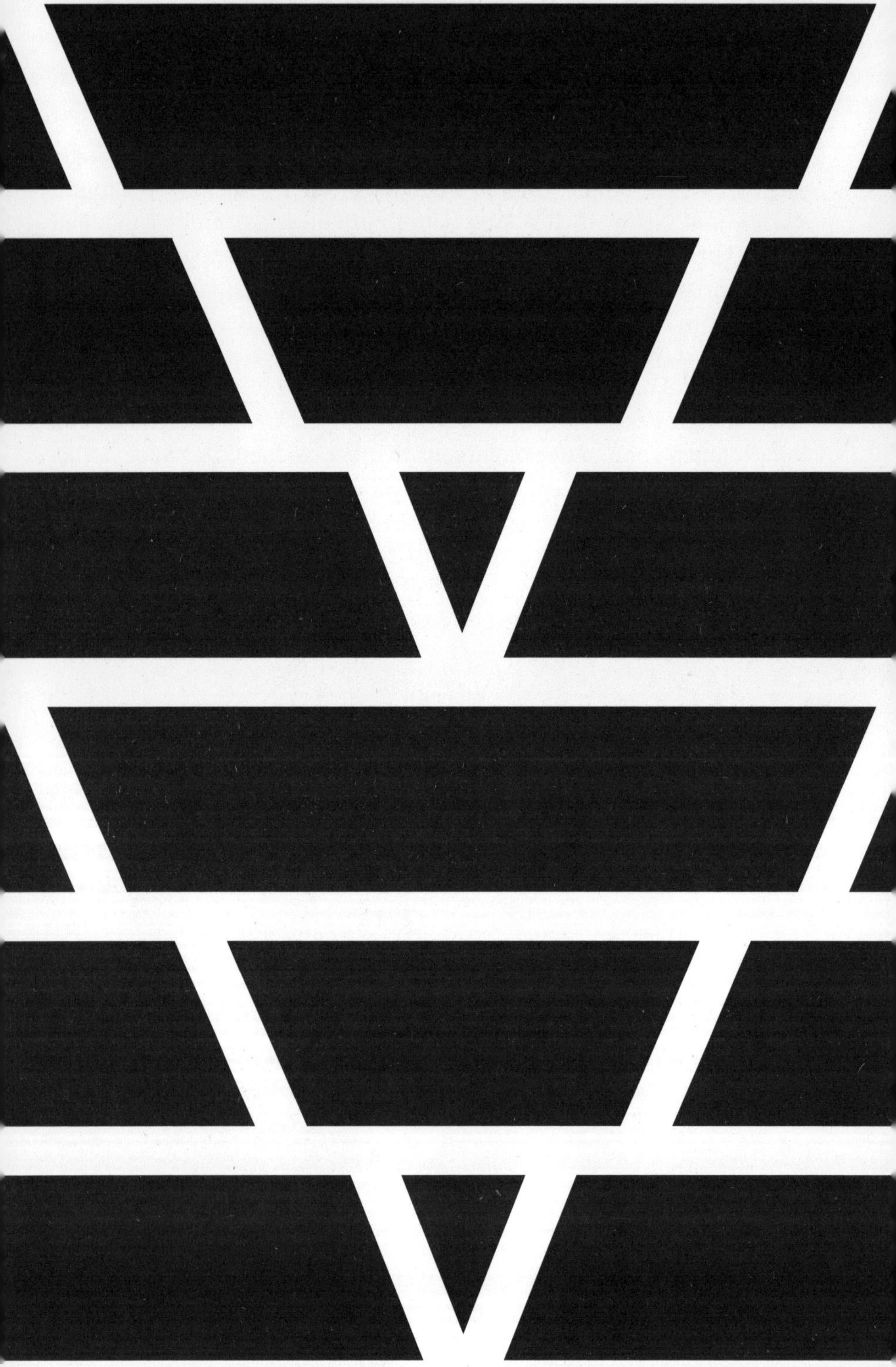

Verachtung und Selbstverachtung

Wie das Wort ›Stamm‹ die Wirklichkeit afrikanischer Politik verschleiert

Im Mittelpunkt des demokratischen wie jedes anderen politischen Prozesses steht die Machtfrage. In der Tat können wir Politik einfach als die Organisation von Macht in einer Gesellschaft definieren. Wer oder welche soziale Gruppe hat die Macht? In wessen Interesse übt sie diese Macht aus? Worin bestehen die Werte oder gesellschaftlichen Ziele — wirtschaftliche, politische, kulturelle und sogar psychologische —, für die diese Macht ausgeübt wird? Diese Fragen gelten für das System von Gesetzen und Normen innerhalb eines Nationalstaates, nämlich für die inneren Beziehungen, wie auch für die Regeln zwischen den Nationen, nämlich die internationalen Beziehungen.

Genau diese Fragen liegen der Lincoln'schen [G] Demokratiedefinition »government of the people, by the people, for the people« (Regierung des Volkes, durch das Volk, für das Volk) zugrunde. In vielfältiger Weise sind die drei winzigen verbindenden Präpositionen ›of‹, ›by‹ und ›for‹ die wichtigsten Elemente dieser Definition. Soll die Lincoln'sche Definition Gültigkeit besitzen, müssen diese drei Präpositionen gelten. Viele Regierungen und Staaten werden dem Lincoln'schen Ideal der Demokratie nicht gerecht, auch Abraham Lincolns Heimat, die Vereinigten Staaten von Amerika nicht, weil sie eine oder mehrere dieser Präpositionen auslassen. Welche Präpositionen betont, ausgelassen oder befolgt werden, beeinflusst die Ziele, für die Macht ausgeübt wird.

Wem die Macht dient und wie sie ausgeübt wird, hängt von moralischen und ethischen Überlegungen ab. Gesetze sind Instrumente, die sich eine Gesellschaft gibt, um die Macht angemessen kontrollieren und ausüben zu können und so sicherzustellen, dass sie den Zielen gerecht werden, die in ihrer Formulierung enthalten sind. Ein Gesetz stellt eine Regel dar, es ist die Feststellung einer *moralischen Pflicht*, doch wohnt ihm, im Gegensatz zu anderen Regeln, eine zwingende Komponente inne — die Mittel nämlich, die seine Befolgung sichern. Das ›Du sollst nicht töten‹ der zehn biblischen Gebote unterscheidet sich vom ›Du darfst nicht töten‹ der weitgehend säkularen Rechtsprechung, weil letzteres deutlich die vollstreckbaren Konsequenzen seiner Verletzung ausspricht. Die Formulierung einer Regel, ihre Anwendung und ihre er-zwingende Komponente sprechen moralische Fragen an. So zum Beispiel die Frage der Kongruenz von Gesetz und Gerechtigkeit —

oder ihres Fehlens –, sowie die Frage der moralischen Grenzen für die Anwendung der er-zwingenden Komponente des Gesetzes, wie etwa bei der Anwendung von Folter, um aus den Bürger*innen Informationen herauszupressen. Wir kommen also, aus welchem Blickwinkel auch immer, bei der Machtfrage in einer Gesellschaft immer auf die Frage der Moral zurück. Auch innerhalb eines demokratischen Rahmens.

Es kann nicht überraschen, dass die Worte, mit denen ein bestimmtes Gesetz formuliert wird, Gegenstand von Auseinandersetzungen über ihre Anwendung und Interpretation sind. Die Ausübung demokratischer Ideale — oder die Formulierung von Gesetzen und deren Umsetzung — innerhalb eines Staates und zwischen den Nationen wird oft von unserer Selbstwahrnehmung und unserer Wahrnehmung der anderen bestimmt; und diese sind wiederum häufig durch die Definitionen von Wörtern bestimmt. So war die Demokratie im alten Griechenland tatsächlich eine direkte Demokratie, in der jeder Bürger der *polis* dazu in der Lage war, seine Stimme zu Angelegenheiten von Krieg und Frieden abzugeben. Die direkte Demokratie ist im Gegensatz zur repräsentativen Demokratie ein ausgezeichnetes Ideal. Doch eben diese Demokratie gründete sich gleichzeitig auf die Tatsache, dass Frauen, Sklaven und Ausländer — ›Barbaren‹, wie sie genannt wurden — nicht als Bürger zählten. Das Wort ›Bürger‹ entscheidet über Inklusion oder Exklusion. In der amerikanischen Unabhängigkeitserklärung ist in glühenden Worten, die deutlich an den Rousseau'schen *Gesellschaftsvertrag* erinnern, von der Tatsache die Rede, dass die Menschen gleich geschaffen und von ihrem Schöpfer mit bestimmten unveräußerlichen Rechten ausgestattet seien, doch gleichzeitig wurden Schwarze Menschen und Frauen von der Kategorie ›Menschen‹ ausgeschlossen. Im Krieg kann die Verwendung bestimmter Wörter den Anderen entmenschlichen — Kommunisten, Vietcongs, Kapitalistenschweine und so weiter — und so alle moralischen Skrupel im Umgang mit ihnen auslöschen. Wörter erlangen in den Machtbeziehungen zwischen Individuen und Gruppen, in der Umsetzung von Gesetzen und demokratischen Idealen große Bedeutung. Oftmals bestimmen und tilgen sie die Individualität eines Mitglieds einer Gruppe über ihre religiösen, rassischen, sozial-geschlechtlichen oder biologischen Kennzeichen oder Zugehörigkeiten.

Die Verwendung des fünfbuchstabigen Wortes ›Stamm‹ ist in dieser Hinsicht ein gutes Beispiel. Die Analyse von Ereignissen in Afrika, wie sie die westlichen Mainstreammedien vornehmen, legt offen, dass dieses Wort wesentlich eine sinnvolle Betrachtung der Dynamik im modernen Afrika behindert. ›Stamm‹ — mit seiner eindeutig abwertenden Konnotation des Primitiven und Vor-Modernen — wird dem Begriff der ›Nation‹ gegenübergestellt, mit dem der Übergang zur Moderne positiver konnotiert wird. In einem Großteil der Medienberichte über Afrika wird behauptet, dass jede afrikanische Gemeinschaft aus einem ›Stamm‹ bestehe. Und alle afrikanischen Menschen seien somit Stammesangehörige. Die Absurdität der gegenwärtigen Verwendung des Begriffs wird daran offenbar, dass eine Gruppe von dreihunderttausend Isländer*innen eine Nation bildet, während dreißig Millionen Igbo[G] ein ›Stamm‹ sind. Dabei erfüllt, was gemeinhin als ›Stamm‹ bezeichnet wird, bei objektiver Betrachtung alle Kriterien, mit denen eine Nation charakterisiert wird: gemeinsame Geschichte, Geografie, wirtschaftliches Leben, Sprache und Kultur. Diese ausschlaggebenden Merkmale sind eindeutig gesellschaftliche und historische, nicht biologische Attribute.

Dennoch stellt ›Stamm‹ für die Analyst*innen so etwas wie einen genetischen Abdruck auf jedem afrikanischen Menschen dar, der alle seine Äußerungen und Handlungen erklärt, insbesondere anderen afrikanischen Gemeinschaften gegenüber. Print- und elektronische Medien, ja selbst progressive Denker*innen verwenden dieselbe Schablone des Stamm X gegen Stamm Y. Sie schauen einfach auf die ethnische Herkunft führender Akteur*innen in einem Konflikt und ordnen sie entweder in die Kategorie X oder Y ein. Welche Krise, in welchem Teil Afrikas, zu welchem gegebenen historischen Zeitpunkt auch immer — die Analyst*innen gelangen stets zu ein und derselben Erklärung: Alles gründet sich immer auf die traditionelle Feindschaft zwischen Stamm X und Stamm Y. Das ist dasselbe, als schaue man auf John McCain[G] und die Tatsache, dass er auf einer Marinebasis in Panama zur Welt kam, und dann auf Barack Obama[G] und die Tatsache, dass er in Hawaii geboren wurde, und schlussfolgerte dann, dass ihre politischen Differenzen in ihrem jeweiligen Geburtsort begründet seien. Oder dass ihre Differenzen in einer vermeintlich traditionellen Feindschaft zwischen denen begründet lägen, die auf einer Marinebasis zur Welt kamen, und denen, die auf einer Insel geboren wurden.

Diese Schablone von Stamm X gegen Stamm Y bestimmte die Diskussion über die politische Krise Kenias im Jahr 2007, steckte sie in das Korsett der Luo[G] gegen die Gikũyũ, nur weil der damalige Oppositionsführer und spätere Premierminister (2008–2013) Raila Odinga[G] ein Luo ist und Präsident (2002–2013) Mwai Kibaki[G] ein Gikũyũ. Was nicht in dieses schöne Bild passte, wurde häufig unter den Teppich gekehrt. So zum Beispiel die Tatsache, dass Luo und Gikũyũ nie eine gemeinsame Grenze hatten und damit die Behauptung, dass sie traditionelle Feinde seien, aller Vernunft und dem gesunden Menschenverstand widerspricht. Die Analyst*innen aber hielten unverdrossen an ihrem Erklärungsmuster fest. Weder die Tatsache, dass die beiden Führer Anhänger in anderen Gemeinschaften hatten, noch, dass ein Großteil der grausamen, gegen die Gikũyũ gerichteten ethnischen Säuberung in Eldoret North, einem Kalenjin-Gebiet[G], und in Narok, einer von den Maasai[G] dominierten Region, ihren Anfang nahm, wurden wahrgenommen, damit das schöne Erklärungsmuster nicht getrübt wurde.

In vielen Zeitungen war von einer fortgesetzten Vorherrschaft der Gikũyũ in Wirtschaft und Politik zu lesen, nicht nur in den 45 Jahren seit der Unabhängigkeit, sondern auch davor. Die Briten regierten Kenia 60 Jahre lang als kolonialen weißen Siedlerstaat, zwischen 1895 und 1963. Jomo Kenyatta, ein Gikũyũ, regierte 15 Jahre zwischen 1963 und 1978. Der Kalenjin Daniel arap Moi[G], kein Gikũyũ, herrschte die folgenden 24 Jahre von 1978 bis 2002. Trotzdem fanden die 60 Jahre der britischen Siedlerherrschaft oder die 24 Jahre währende Diktatur Mois (nicht des Volkes der Kalenjin) in der Diskussion der kenianischen Ereignisse nur selten Erwähnung. Die Medien und die Kenia-Expert*innen entwickelten eine seltsame Amnesie, strichen die Jahre der Moi-Diktatur von den Seiten der postkolonialen Geschichte Kenias — um sich besser auf das Narrativ Luo gegen Gikũyũ oder das Narrativ einer ununterbrochenen Vorherrschaft und der Privilegien der Gikũyũ konzentrieren zu können.

Das heißt nicht, dass — weder in früheren Zeiten noch heute — verschiedene afrikanische Gemeinschaften keine Feindseligkeiten gegeneinander ausgetragen haben. Vielmehr haben verschiedene präkoloniale afrikanische Gesellschaften um Besitz und Land gestritten und Eroberungskriege geführt. Die viel gerühmten Königreiche Ghana, Mali, Zulu und Ashanti gründeten sich auf Eroberung und behaupteten sich durch Systeme der Unterwerfung und Bevormundung. Dennoch gab es lange Perioden, in denen die Beziehungen eben dieser Gruppen durch Frieden und Handel gekennzeichnet waren. Daran ist nichts spezifisch Afrikanisches. In sämtlichen Beziehungen zwischen verschiedenen Gemeinschaften in der Geschichte haben sich immer Feindschaft und Freundschaft abgewechselt. Was immer sonst der Fall gewesen sein mag, diese Gemeinschaften sahen ihren Daseinszweck nicht vorrangig darin, Krieg zu führen.

Man kann mit Recht behaupten, dass ›Stamm‹, ›Tribalismus‹ und ›Stammeskriege‹, Begriffe, die häufig zur Erklärung von Konflikten in Afrika verwendet werden, Erfindungen des Kolonialismus sind. Die meisten afrikanischen Sprachen kennen kein Äquivalent zum Wort ›Stamm‹ mit seinen abwertenden Konnotationen. Es kam erst mit der Entwicklung des anthropologischen Vokabulars im Zuge des europäischen Abenteuerdrangs nach Afrika im achtzehnten und neunzehnten Jahrhundert auf. Diese Wörter teilen ihr Dasein mit anderen kolonialen Konzepten wie ›primitiv‹, ›dunkler Kontinent‹, ›rückständige Rassen‹ und ›Kriegergemeinschaften‹.

Bei Sklavenjagd wie bei kolonialer Eroberung verbündeten sich die Europäer*innen mit einer afrikanischen Gemeinschaft, um eine andere zu unterwerfen. Nicht im Interesse des afrikanischen Verbündeten, sondern im eigenen imperialen Interesse. Gewiss verhielt es sich so, dass in präkolonialen Kriegen regelmäßig Frauen in die Sklaverei entführt oder in ungewollte Ehen gezwungen wurden. So waren in den meisten Fällen die Regeln, nach denen Krieg geführt wurde. Man darf den Krieg zwischen zwei oder drei menschlichen Gesellschaften nicht beschönigen. Es bleibt aber die Tatsache, dass es nirgendwo eine koloniale Geschichte gibt, in der nicht auch grausame Fälle mutwilliger Massaker an Männern, Frauen und Kindern vorkommen. Der Historiker David Stannard dokumentiert in seinem Buch *American Holocaust* (1992) Fälle genozidaler Praxis gegenüber indigenen Völkern. Doch gibt es viele andere koloniale Genozide, derer sich praktisch alle Kolonialmächte schuldig gemacht haben. Dieser Praxis des Völkermords geht die Dämonisierung und Entmenschlichung durch Worte voraus. Mitunter wurde der Verbündete, der dazu beitrug, die Nachbargemeinschaft zu unterwerfen, später selbst zum Objekt der Eroberung und dazu gezwungen, das Territorium mit den Gemeinschaften zu teilen, die zu erobern er geholfen hatte. Die Kolonialstaaten sorgten durch die wohlbekannte imperiale Tradition des Teilens und Herrschens, des römischen *divide et impera*, bewusst für beständige Spannungen zwischen den kolonisierten Völkern.

Oftmals rekrutierte der Kolonialstaat die Armeeangehörigen aus einer Gemeinschaft, aus einer anderen die Polizei und die Arbeitskräfte wieder aus einer anderen, während weitere als ›Stammes‹-Exemplare des Primitiven vorgehalten wurden, als lebendes Museum des echten ›kulturellen‹ Afrikas, mit Speer bewaffnet und mit Tierfell bekleidet. Alle Gemeinschaften speisten jedoch auch einen kleinen Pool intellektueller Arbeiter*innen: Afrikaner*innen, ausgebildet in den Schulen der Kolonialregierung und der Missionen, wurden nachgeordnete Angehörige der Kolonialverwaltungen und christlicher Gesellschaften. Im Laufe der Zeit schürten und vertieften die kumulativen Auswirkungen dieser Politik und Praxis die Verbitterung, jedoch nicht dem Kolonialstaat gegenüber, sondern oftmals gegeneinander, wobei sich der Kolonisator zum neutralen Schiedsrichter zwischen diesen ›ewig‹ verfeindeten Gemeinschaften aufschwang. Eine häufig zur Verteidigung des Kolonialismus eingesetzte Begründung bestand in der Behauptung, dass die imperialen Eroberer den ›Stammes‹-Kriegen ein Ende bereitet hätten.

Der Konflikt zwischen Afrika und Europa im Prozess der Kolonisierung war im Wesentlichen der Konflikt zwischen dem damals fortgeschrittenen Kapitalismus und dem präkapitalistischen, bäuerlichen Wirtschaftssystem. Die ungleichmäßige regionale Entwicklung ist ein Kennzeichen des Kapitalismus, vor allem des Kolonialkapitalismus. Über den Abbau von Bodenschätzen und die Entwicklung der Monokulturwirtschaft — mit der fruchtbares Land von Nahrungsproduktion auf den Anbau von Kaffee, Tee, Sisal und Kakao als Rohstoffe für den Export umgestellt wurde — diente die Wirtschaft der Kolonien dem kolonisierenden Land. Während die Kolonie als Ganzes dem imperialen Zentrum Rohstoffe lieferte, versorgten die ländlichen Gebiete die Städte im Innern mit Nahrung und Arbeitskräften. Die Städte waren ganz selbstverständlich die Knotenpunkte der kapitalistischen Aktivitäten. Die umliegenden Regionen profitierten von verbesserter Infrastruktur und Marktzugang sowie anderen Einrichtungen, wie begrenzt Zugang und Rendite auch waren.

Die kapitalistische Unternehmung vertiefte jedoch gleichzeitig die ungleiche gesellschaftliche Entwicklung, vor allem in Regionen, die als Arbeitskräftereservoire dienten. Aus diesen Gemeinschaften ging eine unterbezahlte Arbeiterklasse hervor, die oftmals von ihrem Grund und Boden getrennt lebte. Außerdem entstand eine Mittelschicht, die von den ›Abfällen‹ der kapitalistischen Unternehmung und der Kolonialverwaltung profitierte. Dadurch kam zum Problem der ungleichen regionalen Entwicklung noch das der ungleichen sozialen Entwicklung innerhalb jeder Region hinzu.

Da Regionen mit Sprachgemeinschaften übereinstimmten, wirkte sich die ungleiche regionale und soziale Entwicklung unterschiedlich auf die einzelnen Gemeinschaften aus. Zunächst vertiefte das die Teilungen in und zwischen den Gemeinschaften. Die antikolonialen Widerstandsbewegungen versuchten gemeinhin, diese Kluft innerhalb der Gemeinschaften und zwischen ihnen zu überbrücken. Die gesellschaftliche Vision einer anderen Zukunft von Freiheit, Demokratie und des wirtschaftlichen Wohlstandes trug dazu bei, ein nationales Bewusstsein zu formen.

Der Kolonialstaat beobachtete jedoch stets wachsam alle Verständigungsbemühungen zwischen den Gemeinschaften. So erlaubte der britische Siedlerstaat in Kenia zum Beispiel den Afrikaner*innen nicht, landesweit soziale oder politische Organisationen zu gründen. Die europäischen Siedler*innen und selbst die asiatischen Einwanderer*innen durften sich landesweit organisieren, Afrikaner*innen aber war es nur innerhalb ethnischer Grenzen gestattet, Gewerkschaften sowie gesellschaftliche und politische Vereinigungen zu gründen. Die spalterische Taktik des Kolonialregimes erreichte während des bewaffneten Kampfes, der zwischen 1952 und 1960 von der Land and Freedom Army (Mau Mau)[g] geführt wurde, ihren Höhepunkt darin, dass Afrikaner*innen nur innerhalb ihrer jeweiligen Distrikte Parteien gründen durften. Erst 1960, weniger als drei Jahre vor der Unabhängigkeit, gestattete der Kolonialstaat landesweite politische Parteien.

Insgesamt gesehen, beförderten diese Maßnahmen und Praktiken ein ethnisches Bewusstsein. Das ›biologische System‹, das man später ›Tribalismus‹ nannte, ging aus dem Konzept hervor, dass ein ›Stamm‹ eine monolithische genetische Einheit sei. Die Geschichte und Verwendung dieses einen Wortes ›Stamm‹ wirkten sich negativ auf die Einschätzung und Selbsteinschätzung Afrikas aus, weil afrikanische Intellektuelle dieses spalterische Erbe des Kolonialismus verinnerlicht haben. Sie sehen einander durch die Brille der kolonialen Erfindungen des ›Stammes‹, des ›Tribalismus‹ und der ›Stammeskriege‹, sie überbetonen Kennzeichen kultureller Verschiedenheit wie unterschiedliche Rituale und selbst die Sprache als tatsächliche Grundlage von Abgrenzungen und gemeinschaftlicher Identität. Die Botschaft ist eindeutig: Gebt den Verstand an der Tür ab, bevor ihr die Kammer afrikanischer Konflikte betretet.

Probleme mit Begriffen der biologischen Veranlagung von Personen zu erklären, bringt gesellschaftliche Verzweiflung zum Ausdruck, denn wenn ein Problem biologischer Natur ist, kann dessen Lösung auch nur biologischer Natur sein. Formulieren wir es anders: Wird ein Problem als biologisch angesehen, erscheint dessen Lösung mit gesellschaftlichen und politischen Mitteln nahezu unmöglich. All dies hat bei der internationalen wie der nationalen Mittelschicht zu Gleichgültigkeit gegenüber dem Leben der Afrikaner*innen geführt. Diese Einstellung mag zum Teil erklären, warum Menschen — Afrikaner*innen eingeschlossen — dem Völkermord in Ruanda und Darfur zusehen können und nicht den Drang einzugreifen verspüren, als warteten sie darauf, dass die Biologie sich selbst in Ordnung bringt. Politische Diktaturen — die meist sogar vom Westen unterstützt werden — entstehen, und die Menschen zucken mit den Achseln und reagieren mit der ausgesprochenen oder unausgesprochenen Ansicht: ›Stammesmentalität‹ — schwierig, etwas dagegen zu tun. Was die afrikanische Mittelschicht angeht, so hat sie der Selbsthass, der in Jahren der Verinnerlichung kolonialer Weltsicht entstand, schadenfroh werden lassen über die Erniedrigung anderer Afrikaner*innen. Politische Misswirtschaft als Negation der demokratischen und gesellschaftlichen Rechte wird ignoriert, und ethnische Säuberung, die Negation des grundlegenden Menschenrechts auf Leben, wird toleriert. Die afrikanischen Probleme aber haben, wie die aller anderen Völker in der Geschichte, wirtschaftliche, politische und soziale Wurzeln. Sie sind historisch entstanden, nicht biologisch.

Vor einigen Jahren schrieb ich einmal, dass es in Afrika nur zwei Stämme gibt, die Besitzenden und die Habenichtse. Und diese zwei Stämme findet man in unterschiedlich intensiver Ausprägung in allen Gemeinschaften. Die Besitzenden einer Gemeinschaft aber tendieren dazu, mit dem Finger auf die Besitzenden einer anderen Gemeinschaft als die einzigen Besitzenden zu zeigen oder eine ganze Gemeinschaft als die Alleinbesitzenden zu bezeichnen. Politische Warlords, oftmals Millionäre, treten als Verteidiger der eigenen Gemeinschaft gegen die feindliche Gemeinschaft der Besitzenden auf. Das erlaubt es den politischen Warlords, von ethnischer Reinheit als dem Schlüssel zu wirtschaftlicher und politischer Befreiung zu sprechen. Nicht selten schließen diese Warlords Amigo-Geschäfte mit westlichen Unternehmen ab — oder ihnen werden solche Geschäfte versprochen, sollten sie je an die Macht gelangen. Dafür ist der Kongo das beste Beispiel: Selbst in sogenannten Stammeskriegen — also in Kriegen zwischen den politischen Warlords — gibt es immer einen Außenstehenden, der erkunden möchte, was er in den Ruinen aufsammeln kann. Deshalb sollte ich noch die Existenz eines dritten ›Stammes‹ nennen: den ›Stamm‹ der westlichen Unternehmer*innen.

Im Falle Kenias hätte man denken können, dass ein Blick auf die tieferliegenden Probleme — koloniales Erbe, ungleiche Entwicklung, sich vertiefende und erweiternde Kluft zwischen Arm und Reich, schwache demokratische Institutionen, die Zerstörung des nationalen Bewusstseins durch 20 Jahre einer vom Westen gestützten Moi-Diktatur und die fortgesetzte Dominanz westlicher Interessen — ausreicht, das adrette Narrativ von Stamm X gegen Stamm Y zu erledigen. Oder dass es uns dazu gebracht hätte, zu sehen, welche Lehren aus der kenianischen Krise gezogen werden können — zum Beispiel, dass ein fairer wirtschaftlicher Tummelplatz innerhalb einer Nation sowie zwischen den Nationen für die Ausübung demokratischer Ideale wichtig ist. Betrachtet man Afrika jedoch aus der Position nicht-rationaler mystischer Begriffe wie ›Stamm‹ und ›Tribalismus‹, hindert es die Menschen daran, Afrikas Probleme als Teil globaler Probleme sehen. Und doch sind die tiefen Wurzeln der Instabilität in Afrika eindeutig dieselben, die heute, im Zeitalter der Globalisierung, einer weit umfassenderen Instabilität zugrunde liegen.

Die heutige Welt ist durch zwei Gräben gekennzeichnet, die sich täglich vertiefen und ausweiten. Da ist erstens der Graben zwischen einer Gruppe hauptsächlich westlicher Nationen und einer Mehrheit armer Nationen, in erster Linie in Afrika, Asien und Lateinamerika. Wie es eine meiner Figuren in *Herr der Krähen* (2011) beschreibt, ist das der Graben zwischen zwischen den Gebenden und den Empfangenden von Almosen, zwischen Geberländern und Bettlerländern oder schuldenbeladenen Nationen. Und gleichzeitig stärken die Schuldnerstaaten mit ihren natürlichen Ressourcen die Geberstaaten. Zweitens besteht ein Graben innerhalb jeder Nation auf der Welt, in der sich eine kleine gesellschaftliche Schicht auf der unter ihr herrschenden Massenarmut aufstellt. In diesen Nationen vervielfacht sich die Zahl der Bettler*innen und Obdachlosen; die Gefängnisse beherbergen Millionen, die leicht selbst eine Nation konstituieren könnten, lebten sie auf eigenem Staatsgebiet. Und das wird dann ›Entwicklung‹ genannt.

Ich behaupte, dass diese Gräben innerhalb der und zwischen den Nationen die Wurzel der Instabilität in der heutigen Welt darstellen. Demokratische Ideale müssen sich mit den wirtschaftlichen Idealen abgleichen, um die politische und kulturelle Ermächtigung der Schwächsten unter uns zu befördern. Wir brauchen keinen Mystizismus, sondern eine rationale Analyse der gesellschaftlichen Situation — in Afrika und auf der ganzen Welt. Man kann die Entwicklung einer Nation nicht positiv bewerten, wenn einhundert Millionär*innen auf den Schultern von hundert Millionen Bettler*innen stehen. Fortschritt und Entwicklung müssen an der Lebensqualität der Menschen am Fuße des

Berges, nicht der Menschen auf dem Gipfel gemessen werden. Erst dann werden Vernunft, Gesetz und demokratische Ideale mit den Forderungen der sozialen Gerechtigkeit in Einklang kommen.

Privatisiert oder seid verdammt

Afrika, Globalisierung und kapitalistischer Fundamentalismus

I

Es ist eine Welt der Gegensätze, in der Afrika seinen Platz zu finden versucht. Technologie und menschliche Genialität haben im Inneren wie im Äußeren endlos viele Grenzen eingerissen und sogar den Schlüssel zum menschlichen Leben dekodiert. Und doch hat die menschliche Gier verfügt, dass Armut und Krankheit auf Erden sein sollen. Die Technik bietet die Möglichkeit des Überflusses. Der Profit motiviert die menschliche Genialität, Mangel zu erzeugen. Die Mittel, Leben zu erhalten, werden durch die Mittel reduziert, Leben zu zerstören. Massenvernichtungswaffen — gleichgültig welche Nation sie hortet — sind das Damoklesschwert, das über den Massen des Erdballs schwebt, auch über der Nation, die über diese Waffen gebietet. Sie können keine Sicherheit garantieren, weder zwischen den Nationen noch innerhalb einer Nation — nur falschen Frieden, regionale Konflikte und Zwietracht, die wiederum in Kriegsdrohungen und weiteren Kriegen enden. Angst und Unsicherheit spuken durch die Straßen auch der am schwersten bewaffneten Nation. Die Zahl der Gefängnisinsass*innen wächst sowohl in den ärmsten wie in den reichsten Nationen am schnellsten. Pracht durch Elend, dieses Charakteristikum unserer Welt befindet sich im Mittelpunkt der komplexen Gegensätze der Globalisierung.

Wo nun in diesem Szenarium findet Afrika seinen Platz? Was stellt Afrika im globalen Raum dar? Jede Erscheinung in Natur, Gesellschaft und Denken — und auch ihr Wesen — wird durch die äußere wie die innere Dynamik ihres Seins und Werdens beeinflusst. Das betrifft auch den Charakter ihres Seins. Die afrikanische Entwicklung bildet hier keine Ausnahme. Der Kalte Krieg der rivalisierenden Supermächte beeinflusste den Charakter der postkolonialen Staaten, die in den 1960er Jahren entstanden. Die militärischen wie zivilen Diktaturen gediehen zwar auf dem fruchtbaren Boden der schwachen demokratischen und wirtschaftlichen Basis im Innern; gleichzeitig erfüllten sie aber auch eine Funktion in der Rivalität der Supermächte. Die afrikanischen Regionen fochten oft Stellvertreterkriege, sie waren oft nur das Testgelände, auf dem die Effektivität konkurrierender Waffensysteme erprobt wurde. Mit dem durch eine breite gesellschaftliche Bewegung geführten Kampf für Demokratie und mit dem Ende des Kalten Krieges kam es zur Liberalisierung im Innern, sodass sich viele afrikanische Anführer zum Rücktritt bereitfanden, anstatt durch altersbedingtes Ableben oder durch einen Militärputsch zum Rücktritt gezwungen zu werden. Das sind die positiven Entwicklungen im Innern.

Doch ebenso wie die Dekolonisierung sich unter den Bedingungen des Kalten Krieges vollzog, der seine Spuren hinterließ, vollziehen sich diese Entwicklungen nach dem Kalten Krieg unter den Bedingungen einer intensivierten wirtschaftlichen Globalisierung. Aber die Globalisierung ist keine neue Erscheinung. Seit der Genesis des Kapitalismus im sechzehnten Jahrhundert war sie eines seiner Merkmale und hat den Feudalismus als herrschende und bestimmende Kraft in der gesellschaftlichen und wirtschaftlichen Produktion herausgefordert und später abgelöst. Mit seiner Genesis verbunden sind Entdeckungsreisen und koloniale Abenteuer. Auf der Basis von Adam Smith[G] beobachtete Karl Marx: »Die Entdeckung der Gold- und Silberländer in Amerika, die Ausrottung, Versklavung und Vergrabung der eingeborenen Bevölkerung in die Bergwerke, die beginnende Eroberung und Ausplünderung von Ostindien, die Verwandlung von Afrika in ein Gehege zur Handelsjagd auf Schwarzhäute bezeichnen die Morgenröte der kapitalistischen Produktionsära.«[1] Die »Morgenröte« bezeichnet die merkantile Phase des Kapitals, die den Sklavenhandel befeuerte und von ihm befeuert wurde und die Sklavenplantagen hervorbrachte, was insgesamt zu einer derartigen Akkumulation von Kapital führte, dass die merkantile Phase in die industrielle übergehen konnte. Eric Williams hat in seinem Buch *Capitalism and Slavery* (1944) die Verbindung zwischen Sklavenhandel, den Plantagen und dem Aufstieg des Industriekapitalismus zur dominanten Wirtschaftsweise genau dokumentiert. Die industrielle Phase des Kapitalismus im neunzehnten Jahrhundert lieferte den Antrieb für den Wettlauf um Kolonien als Rohstoffquellen und Märkte

[redacted]

1 Karl Marx: *Das Kapital*, Band I, MEW 23, Berlin: Dietz Verlag, 1972, S. 779

für Fertigprodukte. Militärische Invasionen und Eroberungen, geführt unter der eigennützigen Schutzbehauptung der Befriedung und Aufklärung, integrierten Afrika in die kapitalistische Ordnung. Die europäische Bourgeoisie schickte sich an, in Afrika auf der Hölle den Himmel auf Erden zu errichten, und zerstörte in einer Orgie rücksichtsloser Bilderstürmerei die alten Götter, die nicht das System des Himmels für wenige auf dem Fundament der Hölle für viele anerkennen wollten. Im *Manifest der Kommunistischen Partei* (1848) sagten Marx und Engels den weltumfassenden Charakter dieser Entwicklung voraus, als sie von der Bourgeoisie sprachen, die durch ihre »Exploitation des Weltmarktes die Produktion und Konsumption aller Länder kosmopolitisch gestaltet. Die uralten nationalen Industrien sind vernichtet worden und werden noch täglich vernichtet. Sie werden verdrängt durch neue Industrien, ... die nicht mehr einheimische Rohstoffe, sondern den entlegensten Zonen angehörige Rohstoffe verarbeiten und deren Fabrikate nicht nur im Lande selbst, sondern in allen Weltteilen zugleich verbraucht werden.«[2] Bald schon verwandelte sich das industrielle in das Finanzkapital. Geld, das früher Austausch ermöglichte, wurde zum höchsten Gut, ein lasergeführtes Geschoss, das Kapitulation beschleunigte und die Schutzwälle der Nationen zu Staub werden ließ. Die weltweite Herrschaft des Finanzkapitals sahen beide voraus: Lenin in seinem Buch *Der Imperialismus als höchstes Stadium des Kapitalismus* (1917), das während des Ersten Weltkrieges veröffentlicht wurde. Und die Schöpfer*innen des Bretton-Woods-Systems[g], das Ende des Zweiten Weltkrieges ausgearbeitet wurde und zur Gründung der Weltbank, des Internationalen Währungsfonds (IWF[g]) und des Allgemeinen Zoll- und Handelsabkommens (GATT) führte.[3] Die bloßen Namen der aus dem Bretton-Woods-System hervorgegangenen Institutionen kennzeichnen den Globus als Handlungsort des Finanzkapitals.

2 Karl Marx und Friedrich Engels: *Manifest der Kommunistischen Partei*, MEW 4, Berlin: Dietz Verlag, 1955, S. 466

3 Das GATT wurde 1994 in die Welthandelsorganisation (WTO) überführt.

Wenn auch benachteiligt, so ist Afrika doch stets an entscheidender Stelle in die Entwicklung der globalisierenden Tendenz des Kapitals eingebunden gewesen. Die merkantile Phase bescherte Afrika die Sklaverei, die industrielle führte zum Kolonialismus und die finanzielle zum Neokolonialismus, dem Herzstück der Globalisierung.

Die heutige Globalisierung ist damit gleichbedeutend mit dem Reifeprozess einer Tendenz, die dem Kapitalismus inhärent ist. Dennoch gibt es, wenn die Globalisierung Tendenz und Kontext der kapitalistischen Moderne ist, einen Unterschied zwischen ihren Erscheinungsformen vor und nach dem Kalten Krieg. Die früheren Phasen und Formen huldigten zumindest noch einem gewissen Laissez-faire, auch wenn die schicksalhaft wirkenden Monopole anderes praktizierten. Der freie Wettbewerb nimmt unterschiedliche Wege in das kapitalistische Paradies. Die Globalisierung in ihrer gegenwärtigen Ausprägung jedoch ist gekennzeichnet durch den ideologischen und praktischen Imperativ eines kapitalistischen Fundamentalismus.

Der Fundamentalismus — egal ob wirtschaftlicher, politischer oder religiöser Natur — ist seinem Wesen nach ein Beharren darauf, dass es nur eine Möglichkeit zur Ordnung der Wirklichkeit gibt. Margaret Thatchers oft zitiertert mit »TINA« abgekürzter Satz »There Is No Alternative« (Es gibt keine Alternative) illustriert dies mit Bezug auf Politik und Wirtschaft am deutlichsten und veranschaulicht denselben Reduktionismus, wie er im religiösen Fundamentalismus zu finden ist.[4] Es gibt nur einen Gott, er heißt Markt, und der Westen ist sein einziger Bewahrer. Tretet ein und gebt euch der liebevollen Gnade des Marktes hin. In Wahrheit aber wird die liebevolle Gnade durch die unsichtbare Inschrift an der Wand Lügen gestraft: »Lasciate ogne sperenca voi ch'intrate« — »Ihr, die ihr eingeht, lasst hier jedes Hoffen«.[5] Die Stimmen derer, die vielleicht die Inschrift an der Wand erkennen, ersticken buchstäblich

[redacted]

4 Für Margaret Thatchers Sentenz siehe auch: James H. Mittleman: *Alternative Globalisation*, in Richard Sandbrock (Hrsg.): *Civilising Globalisation*, New York: SUNY Press, 2003, S. 237-252, hier 237

5 Dante Alighieri: *Die Göttliche Komödie, Inferno III, 9 — Das Höllentor*, Leipzig: Reclam, 1876 ff, S. 19

unter den Aufrufen zur Anbetung des Marktes, deren gemeinsames Credo die Privatisierung ist, die sich auf eine einzige Maxime reduzieren lässt: Privatisiert oder sterbt. Sollte eine Nation vom gottgewollten Pfad abweichen, indem sie zum Beispiel die disziplinierenden Mechanismen der Bedingungen für ›Hilfe‹ infrage stellt oder es verabsäumt, staatliche Unternehmen zu privatisieren und eng gefasste Formen einer liberalen Demokratie einzuführen, sieht sie sich der Vertreibung aus dem globalen kapitalistischen Tempel und der Ausweisung in die Höllenfeuer gegenüber. Julius Nyereres[G] Tansania der 1980er Jahre wurde in die Knie gezwungen, weil es die neoliberale Doktrin infrage stellte. Selbst zuvor gefügige Diktator*innen waren nicht vor Bestrafung gefeit, wenn sie versuchten, halbstaatliche Unternehmen zu erhalten. Sie wurden nicht etwa dafür bestraft, weil diese Unternehmen Quellen für Plünderungen und Vetternwirtschaft darstellten, sondern weil sie halbstaatlich waren. Selbst im Westen und dem späteren Osteuropa sahen sich funktionierende öffentliche Einrichtungen dem himmlischen Zorn ausgesetzt. Wo möglich, wurden sie abgewickelt und an die Privathand verkauft. Selbst der Konservative Harold MacMillan zuckte angesichts der Geschwindigkeit zusammen, mit der seine konservative Nachfolgerin Margaret Thatcher daran ging, profitable Einrichtungen der öffentlichen Hand zu Schleuderpreisen an Private zu verkaufen. Lediglich die wenig glorreichen Einrichtungen der öffentlichen Hand blieben als negative Beispiele bestehen, mit dem schmuddeligen Gesicht des Volkseigenen.

Diese radikale Wende lässt den Kapitalismus als religiöses System erscheinen, mit dem Markt als Gottheit, die in Konflikten seiner Teilnehmer*innen vermittelt. Der Markt ist die höchste Gottheit, geschützt von einer Schar bewaffneter Engel, Apostel und Priester*innen, die die reuelosen Sünder*innen in die Hölle verweisen, die reuigen in das Fegefeuer und die geretteten Seelen in das Paradies. Es ist Dantes System der Hölle, das ich in meinem Roman *Herr der Krähen*[6] zu ergründen versucht habe.

6 Ngũgĩ wa Thiong'o: *Herr der Krähen*, Ü: Thomas Brückner, München: A1 Verlag, 2011, Frankfurt: Fischer, 2013, OT: *Wizard of the Crow*, New York: Vintage, 2006

Unglücklicherweise sind die Folgen alles andere als fiktiv — für die politischen Ökonomien der kapitalistischen Gesellschaften an der Peripherie sind sie erschreckend real. Wie zum Beispiel für die Gesellschaften in Afrika, die dazu gezwungen wurden, öffentliche Güter und gesellschaftliche Ressourcen wie Bildung, Gesundheit und Wasser in Opfergaben für den Markt umzuwandeln. Das hat die ländliche Bevölkerung, die vor allem im Bereich der Agrarsubventionen ohnehin schon von der diskriminierenden Politik der Welthandelsorganisation (WTO[g]), der Nachfolgeorganisation des GATT[g], schwer getroffen worden war, der Vernichtung preisgegeben.[7] Diese Gesellschaften stehen unter ständiger Beobachtung, die sicherstellen soll, dass sie keines der Gebote des Marktes verletzen, deren erstes lautet: Entreißt die Wirtschaft den schmutzigen Händen des Staates. Ironischerweise sind diejenigen, die darauf bestehen, dass der Staat in der Wirtschaft keine Rolle zu spielen hat, die ersten, die nach dem Staat rufen, um ihn dazu zu bewegen, dem Kapital gegen die Arbeit, dem Privaten gegen das Öffentliche zu dienen. Es ist eine Tatsache, dass der Staat in einer Klassengesellschaft niemals neutral handelt und er, abhängig davon, welche gesellschaftliche Klasse (oder ›Rasse‹[G] oder welches Geschlecht oder welche Religion) ihn kontrolliert, eine entscheidende Rolle dabei spielt, welche Richtung die Wirtschaft einschlägt und welchen gesellschaftlichen Zielen der Reichtum der Nation zugeführt wird.

Indem er darauf beharrt, dass es nur einen möglichen Weg gibt, Wirtschaft zu organisieren, bedroht der kapitalistische Fundamentalismus bereits die traditionellen Merkmale des Nationalstaates, indem er sich zum Beispiel das Recht anmaßt, die nationale Wirtschaftspolitik zu formulieren. Der IWF bestimmt die Wirtschaftspolitik der Länder des globalen Südens; in einigen Fällen verfügt diese erlauchte Körperschaft über Büros in den jeweiligen Wirtschafts- und

7 Die USA und Kanada subventionieren zum Beispiel ihren landwirtschaftlichen und ihren Stahlsektor in großem Umfang, spucken aber Feuer und Galle und fordern die Verurteilung durch die WTO, wenn andere Staaten dies ebenfalls tun.

Finanzministerien und hat ziemlich oft ein Mitspracherecht bei der Berufung von Beamt*innen in die entscheidenden Aufsichtspositionen über die Staatskassen. Ein Staat, der seine Wirtschaftspolitik von einem anderen bestätigen lassen muss, hat bereits einen Teil seiner Souveränität diesen Aufseher*innen geopfert. Die schnelle Entwicklung der Informationstechnik und das Internet, das die Welt in einem Web vereint, erodiert die Kontrolle des Nationalstaates über all das, was sich auf seinem Territorium abspielt, denn kein Staat kann jetzt mehr den Fluss und den Austausch von Informationen über die nationalen Grenzen hinweg effektiv kontrollieren.

Selbst die Rolle des Staates als Dienstleister für soziale Bedürfnisse und als Arbeitgeber für Intellektuelle hat man sich angeeignet, diesmal durch die Nicht-Regierungsorganisationen (NGOs), die säkularen Missionsgesellschaften im Zeitalter der Globalisierung, die sich nicht grundsätzlich von der Rolle der christlichen Missionen im Zeitalter der Kolonisation und der Kolonialherrschaft unterscheiden. Das Merkmal der Expansion des Kapitalismus im neunzehnten Jahrhundert — sein Wettlauf um Kolonien und die Abtretung von Territorien an Unternehmen wie die Imperial British East African Company — verlief parallel zu Aufstieg und Expansion der Missionsgesellschaften, die ebenfalls Räume unter sich aufteilten, selbst in ein und demselben Kolonialgebiet. Die Missionsgesellschaften sorgten für viele soziale Dienstleistungen, einschließlich Bildung und Medizin. (Mongo Betis Roman *Der arme Christ von Bomba* aus dem Jahr 1956 thematisiert die geschwisterliche Rivalität zwischen einem Missionar und einem kolonialen Verwalter.)

Ausländische NGOs teilen heute auf ähnliche Weise Räume unter sich auf und stellen sich so dar, als stünden sie auf der Seite des Volkes gegen beide: gegen den postkolonialen Staat auf der einen Seite und ihren finanziellen Sponsor, den ausländischen Staat, auf der anderen. Gleichzeitig werden sie jedoch aus dem Staatsschatz ihrer zumeist westlichen Regierungen finanziert.[8] Sie sind der verlängerte Arm der Außenpolitik der Staaten, die sie finanzieren. Die lokalen NGOs, mit denen sie zusammenarbeiten, sind wahrhaftig nicht von den jeweiligen Regierungen abhängig — sie erhalten von ihren Regierungen nicht einen Cent. Aber diese lokalen NGOs werden oftmals von ausländischen NGOs unterstützt, die ihrerseits von ihren jeweiligen Regierungen finanziert werden. Viele Absolvent*innen der nationalen Universitäten wetteifern um Beraterposten, indem sie NGOs gründen oder ausländische NGOs in beratender Funktion begleiten. Die Ergebnisse der harten Arbeit dieser Berater*innen vor Ort, ja selbst der Tonfall, in dem sie ihre Stellungnahmen und ihre Berichte verfassen, bewegen sich innerhalb des breiten Konsenses der Geldquellen. Eine einheimische NGO, die vielleicht für die Ablösung eines korrupten, vom Westen unterstützten Regimes eintritt oder den Staat auffordert, dem kapitalistischen Fundamentalismus entgegenzutreten, mag erleben, dass der Geldfluss gewissermaßen über Nacht versiegt. Wes Brot ich ess, des Lied ich sing. Und so erweisen sich Text und Melodie sowie, in diesem Fall, die Geldgeber*innen als reuelose Anhänger*innen des Kapitals. Trotzdem stellen diese säkularen Missionar*innen wie ihre religiösen Vorgänger*innen in vergangenen Tagen oftmals dringend benötigte Dienstleistungen zur Verfügung.

Der Aufstieg des Finanzkapitals beeinflusst weitere Bereiche des gesellschaftlichen Lebens in Afrika, einschließlich der Konzeption der Politik im Allgemeinen und der Demokratie im Besonderen. Damit erklärt sich das, was häufig als vom Westen unterstützte ›Freiheit und Demokratie‹ gepriesen wird, im Wesentlichen als die Freiheit und Demokratie des Finanzkapitals, seine Freiheit, sich über alle Grenzen hinweg zu bewegen, ohne dass der Nationalstaat sich einmischt. Nur: Heißt das, dass dieses Kapital wirklich überstaatlich ist? Reden wir von heimatlosem Kapital? Mitnichten, denn obwohl es den

[redacted]

8 Man könnte sagen, dass die NGOs im postkolonialen Staat die einzigen wahren Nichtregierungsorganisationen sind, während die NGOs im Westen oftmals Unterabteilungen der Außenpolitik ihrer jeweiligen Regierungen sind.

gesamten Erdball als Tummelplatz beansprucht, liegt seine Basis noch immer in der nationalen Heimat dessen, was allgemein als ›der Westen‹ bezeichnet wird, und darin wiederum im euro-amerikanischen Sektor des Westens. Es mag über den gesamten Erdball streifen und die Schutzmauern anderer Nationalstaaten zum Einsturz bringen, es weiß stets, wohin es mit seinem Profit heimkehren muss. Der Fall Chinas offenbart die Ironie, wenn ein Einparteienstaat als Kapitalinvestor in Erscheinung tritt, aber afrikanische Staaten, die sich die Heilsbotschaft der Privatisierung zu eigen gemacht haben, nicht erkennen, dass ihre Rolle darin besteht, eine vorteilhafte Umgebung für dieses unternehmerische Kapital zu schaffen.

In vielen Fällen wetteifern diese Staaten miteinander darum, wer am besten billige und unterwürfige Arbeitskräfte bereitstellen sowie die Freihandelszonen schützen kann, in denen die Gesetze des Landes keine Anwendung finden. Ergebnis dieses Prozesses ist, dass der Staat in Afrika und vielen anderen Ländern der Welt zu schwach ist, regulierend in die Operationen des Finanzkapitals einzugreifen, jedoch stark genug, die Bevölkerung in Schach zu halten, sollte sie sich gegen die nachfolgende gesellschaftliche Ausplünderung zur Wehr setzen. Es ist nicht schwer zu erkennen, warum und wie.

Instabilität ist das Wesensmerkmal des kurzsichtigen Staates. Da er als Wächter über die freien Operationen des ausländischen Finanzkapitals handelt und nicht in der Lage ist, auch nur ein Mindestmaß an Sozialleistungen sicherzustellen, unfähig, ein Minimum an würdiger Unterbringung, Gesundheit und Bildung zu gewährleisten, verliert die Bindung des postkolonialen Staates zur Bevölkerung beträchtlich an Stärke. Die Bürger*innen beäugen den Staat misstrauisch als Feind des Volkes (was er oftmals auch ist) und ihre Dankbarkeit den NGOs gegenüber mag sie dazu verleiten, in den imperialistischen Nationen Verbündete gegen die repressiven Praktiken ihres eigenen Staates zu sehen. Die Ironie dabei ist natürlich, dass die großzügigen NGOs und der lokale Staat — Rivalen im Kampf um die Dankbarkeit und Loyalität des Volkes — von denselben westlichen Quellen gespeist werden. Der Staat wird mit todbringenden Waffen ausgerüstet, die NGOs mit Lebensmittelkupons.

Um ein Minimum an Stabilität zu schaffen, wird der postkoloniale Staat auf Polizeistiefel und Bajonette setzen — das bedeutet ironischerweise die Rückkehr zum Charakter des postkolonialen Staates während des Kalten Kriegs und des Kolonialstaates in noch früherer Zeit. So wird der Staat, der nach dem Kalten Krieg ursprünglich die locker sitzende Robe der Demokratie übergestreift hatte, in sein Gegenteil verkehrt: in einen Polizeistaat ohne die Fähigkeit und die Mittel, für die Nation zu sprechen, nicht einmal in der moralischen Frage des Nationalstolzes. Im Kenia des Daniel arap Moi sangen die Schulkinder Loblieder auf den Anführer, weil er in Zeiten der Hungersnot — eine Folge des Verkaufs von Getreideüberschüssen durch seine engsten Helfer*innen — in die USA reiste und mit gelbem Mais und Krediten zum Kauf von amerikanischen Waffen zurückkehrte. Das Betteln wurde zum wünschenswerten Ideal, und der Anführer wurde zum ersten Bettler des Staates mit all der Unterwürfigkeit, die ihm die Bettelschale in westlichen Hauptstädten auferlegte.

Die beiden Lücken zwischen Wohlstand und Armut innerhalb einer Nation und zwischen den Nationen, die in der Wirtschaftspraxis der Globalisierung ihre Ursachen haben, werden schnell immer größer. Hierin liegt das große Paradoxon, dass die Produktion eindeutig global erfolgt, die Aneignung der Produkte aber unverkennbar privat: Globalisiere die Produktion, regionalisiere den Profit, privatisiere ihn. Die Neologismen ›Outsourcing‹ und ›Insourcing‹ stehen dafür: ›Outsourcing‹ für die Verlagerung der Produktion dahin, wo die Arbeitskraft am billigsten ist, und ›Insourcing‹ für die Rückführung des Profits (oder der Produktion, sollte es dort instabil zugehen). Die private Aneignung des öffentlichen Angebots trägt das Ihre zu dem Paradoxon bei, das am Anfang dieses Essays beschrieben wurde: dass trotz der riesigen Kräfte der neuen Technik, die durch die Globalisierung der Arbeitsteilung hervorgebracht wurde, das Ergebnis eine Globalisierung der Armut ist. Hilfen, die die Unwägbarkeiten der Natur bezwingen könnten, bringen größere soziale Unwägbarkeiten hervor. Die sich vertiefende Diskrepanz zwischen den Daseinsbedingungen der Besitzenden und der Besitzlosen in einer globalisierten Welt bildet die Grundlage neuer Typen autoritärer Systeme. Es ist ein Teufelskreis: Der kapitalistische Marktfundamentalismus schafft überall Instabilität, die Instabilität generiert Fundamentalismen bei Verbündeten wie bei der Opposition.[9] Es ist daher keine Überraschung, dass das Zeitalter des kapitalistischen Fundamentalismus, das manche Wissenschaftler*innen auch als Neoliberalismus bezeichnen, und das — vereinfacht gesagt — mit Ronald Reagan, Margaret Thatcher und Helmut Kohl begann (auch wenn die drei es nicht hervorbrachten), den Aufschwung ungeminderter religiöser Fundamentalismen erlebt — christlicher, islamischer, jüdischer und hinduistischer.

II

Afrika hat, unglücklicherweise, die schlechtesten Karten. Und das, trotz oder wegen der Tatsache, dass der Kontinent stets an der Entwicklung der modernen kapitalistischen Welt beteiligt gewesen ist. Jeder Augenblick auf dem Weg des Kapitals sieht Afrika als Gefangenen. Während des Sklavenhandels wird der afrikanische Körper zur Ware. Im nachfolgend entstehenden System der Sklavenplantagen liefert Afrika unbezahlte Arbeitskräfte, die auf den Zuckerrohr- und Baumwollfeldern arbeiten. Während des Kolonialismus liefert Afrika Rohstoffe — Gold, Diamanten, Kupfer, Uran, Kaffee und Kakao —, ohne Einfluss auf die Preise zu haben.[10] In der neuen globalen Situation der Schulden, des Schuldendienstes und der finanzpolitischen Auflagen wird Afrika durch die Schuldensklaverei niedergehalten. Gerade in dem Augenblick, in dem Afrika zum Nettoexporteur wurde, zunächst der Arbeitskräfte, die es am dringendsten für die eigene Entwicklung benötigte, und darauf der

9 Man beachte das gefeierte Treffen zwischen US-Präsident Ronald Reagan und den afghanischen Mujaheddin am 21. März 1983 im Oval Office, bei dem er sie als ›Freiheitskämpfer‹ bezeichnete. http://www.reagan.-utexas.edu/archives/speeches/1983/32183e.htm (abgerufen am 27. März 2015)

10 Daten finden sich in Kwame Nkrumah: *Neo-Colonialism: The Last Stage of Imperialism*, London: Nelson, 1965

Rohstoffe, die es am dringendsten für die eigene Entwicklung benötigte, wird es heute, unter den Bedingungen der Schuldensklaverei, zum Nettoexporteur des Kapitals, das es am meisten benötigt. Afrika, mit allen Ressourcen der Natur ausgestattet, wird zu dem Kontinent, der am meisten unter den vom Menschen geschaffenen Übeln der Armut, Krankheit und Unwissenheit zu leiden hat. Für Afrika ist die Sklaverei durchgängig das Thema auf dem Weg des Kapitals: Die Plantagensklaverei geht in die Kolonialherrschaft über, die in die Schuldensklaverei führt.

Wie kann sich Afrika aus dieser Zwangslage befreien und sich zu einem gleichberechtigten Akteur auf der Weltbühne wandeln — einem gleichberechtigten Geber und Nehmer? Wie kann es sich auf der Grundlage von Gleichheit und gegenseitiger Achtung zu anderen Regionen in Beziehung setzen? Wie erhält Afrika, ausgehend von der Tatsache, dass es nur diesen einen Erdball gibt und seine Ressourcen nicht endlos erneuerbar sind, seinen fairen Anteil?

Afrika muss als erstes der Versuchung widerstehen, sich durch die westliche Selbstdarstellung als ewig großzügiger und geduldiger Geber einschläfern zu lassen. Ja, Afrika muss aufhören, dem wohltätigen Westen gegenüber den dankbaren Bettler zu geben. Man muss nur einen Blick in die Archive der europäischen und amerikanischen Bibliotheken werfen und die Übel auflisten, die der Westen über Afrika gebracht hat, um zu erkennen, dass der gegenwärtige Zustand des Kontinents der niederträchtigen Geschichte des imperialen Westens angelastet werden kann. Nur darf sich Afrika nicht zurücklehnen und darauf warten, dass der Westen das Unheil erkennt, das er angerichtet hat, und bereut. Vermutet denn irgendjemand, dass Europa sich anders verhalten hätte, als es das System der Sklaverei und des Kolonialismus betrieb? Ebenso sollte niemand erwarten, dass der Westen angesichts der gegenwärtigen Welle der Globalisierung vortritt, vor Afrika auf die Knie fällt und sagt: »Wir haben dir Unrecht getan, wir haben dich bestohlen. Vergib uns unsere Vergehen und nimm unsere Reparationen als Zeichen unserer Reue.«

Afrikas Aufbruch muss zweigleisig erfolgen: Afrika darf den Westen nicht vom moralischen Haken lassen. Der Kontinent muss seine Forderungen nach sozialer Gerechtigkeit und der Wiedergutmachung offenkundiger historischer Ungerechtigkeiten intensivieren. Der Westen muss dazu gebracht werden, die Verantwortung für seine Verbrechen gegen die afrikanische Menschheit zu übernehmen. Frederick Douglas[G], ein Abolitionist des neunzehnten Jahrhunderts, sagte einmal, dass die Macht nur unter Druck zu Zugeständnissen bereit ist. Anderes hat sie nie getan und wird sie nie tun. Das trifft auf die Macht innerhalb einer Nation und zwischen den Nationen zu. Afrikas Geschichte sagt uns, dass jedwede Errungenschaft — und deren gab es etliche — das Ergebnis von Kämpfen war. Afrika erhielt die Freiheit von Sklaverei und Kolonialismus nicht auf dem Silbertablett. Sie erwuchs aus dem Widerstand, war das Ergebnis von Druck und Forderung.

Sollen Forderungen Aussicht auf Erfolg haben, können sie nicht aus einer Position der Schwäche gestellt werden. Die Macht hat sich noch nie der Schwäche gebeugt. Afrika darf nicht darauf warten, sich aus der Zwangslage mit Hilfe von Reparationen zu befreien, die genau diejenigen Kräfte austeilen, die von seiner schwachen Position profitieren. Noch kann Afrika es sich leisten, sich zurückzulehnen und Schuld zuzuweisen. Afrika muss sich stattdessen in eine Machtposition bringen, damit es seine Forderungen stellen kann.

Daher das zweite Gleis. Ausgangspunkt muss eine gründliche Selbsteinschätzung sein. Auch wenn man sich eingesteht, dass Afrikas Weg aus der historischen Zwangslage mit strukturellen Hindernissen übersät ist, muss Afrika selbst angesichts seiner Marginalität im kapitalistischen System vorausschauend die Initiative übernehmen. Unter Bedingungen, die es nicht selbst gewählt hat — zum Beispiel den gegenwärtig gnadenlosen Fortschritt des kapitalistischen Fundamentalismus –, muss Afrika darum kämpfen, seine Handlungsfähigkeit zurückzuerlangen und seine eigene Geschichte zu schreiben. Das zu unterlassen würde bedeuten, sich dem Fatalismus zu beugen, der dem westlichen TINAismus innewohnt, und dies wäre eine grundsätzliche Missachtung des kollektiven Widerstandsgedächtnisses Afrikas aus allen vorangegangenen Phasen der Globalisierung. Afrika sollte es niemals darum gehen, dass der Staat die wirtschaftlichen Angelegenheiten der liebevollen Gnade eines geistlosen Marktes überlässt, sondern darum, die Staaten auf dem Kontinent zu echten Staaten des Volkes zu machen. Im

Augenblick befinden sich die afrikanischen Staaten in der Hand einer Gruppe mit der kompradorisch-bourgeoisen[G] Absicht, ihre Nationen auszuplündern. Sie nutzen den Staat zur Schaffung eines Paradieses für Plünderer*innen. Die unterschiedlichen Fraktionen der Komprador*innen schmücken sich mit den Farben des Ethnischen, um ihrer Fraktion Zugang zum Plünderungsgelage zu verschaffen.

Ein Kampf, in dem nicht festlegt ist, was erreicht werden kann, und in dem man sich nicht an die getroffenen Festlegungen hält, ist zum Scheitern verurteilt. Deshalb sollte die Beurteilung der eigenen Schwächen und Stärken vor Beginn jedes organisierten vorausschauenden Handelns stehen. Wenn Afrika seine Geschichte ernsthaft betrachtet, könnte der Kontinent Nützliches für die Gegenwart lernen. Die erfolgreichsten Kämpfe, einschließlich der der Afrikaner*innen in Haiti 1789 und der Mau Mau in Kenia in den 1950er Jahren, fußten auf Selbstvertrauen und dem Glauben an die Fähigkeit, die Welt zu verändern. So schwach es im Augenblick auch erscheinen mag, muss Afrika doch Nyereres Credo des Selbstvertrauens ernstnehmen. Der Glaube an sich selbst ist der Beginn von Stärke.

Der kritische Blick auf sich selbst muss mit dem ernsthaften Hinterfragen der Theorie beginnen, nach der die Mittelklasse Ziel, Mittel und Maßstab von Fortschritt und Entwicklung ist. Von Asien über Afrika bis Südamerika wird gegenwärtig eine wohlhabende Mittelschicht, eine globale Mittelklasse mit gemeinsamen Werten und gemeinsamer Lebensweise als genau das angepriesen. Es spielt keine Rolle, dass Millionen arbeitender Menschen — die Arbeiter*innen, die Kleinbäuer*innen — im Elend versinken. Die Herrlichkeit der Mittelschicht macht uns dem Elend der arbeitenden Klasse gegenüber blind. Die hohe Sichtbarkeit der Mittel- und Oberschicht macht die Armut der arbeitenden und Unterklasse unsichtbar.

Die Geschichte der modernen afrikanischen Mittelklasse kennt sowohl schmutzige als auch ehrenvolle Seiten. In der Periode des Sklavenhandels kollaborierten Elemente dieser gerade entstehenden Klasse mit europäischen Händlern dabei, afrikanische Gefährt*innen zu verkaufen. Es waren keine europäischen Armeen, die Sklav*innen jagten und fingen. Es war die Armee der einen Ethnie, die eine andere Ethnie angriff, um Sklav*innen zu fangen und sie dann gegen in Europa hergestellte glitzernde Kinkerlitzchen einzutauschen. Während des Kolonialismus kollaborierte eine Gruppe dieser selben Klasse mit dem Kolonialstaat und wurde zum Sklaventreiber auf den kolonialen Plantagen. Dazu gehörten die kolonialen Armeen wie die Polizeikräfte, die Jagd auf antikoloniale Nationalist*innen machten. Und am Vorabend der Unabhängigkeit verwandelten sie sich auf wunderbare Weise in nationale Armeen und Polizeikräfte, die das Banner der Unabhängigkeit zum Klang der von ihren Musikkapellen gespielten Nationalhymnen hochhielten. Nicht einmal die Uniformfarben änderten sich; nur die Schulterklappen und die Kokarden an den Mützen.

Die ehrenvolle Seite versuchte, unterschiedliche ethnische Gemeinschaften zusammenzubringen, damit sie aus der zahlenmäßigen Stärke Kraft schöpften und Visionen entwarfen. Sie führten den Kampf gegen Sklavenjagd und Menschenhandel und gegen die Kolonialherrschaft an. Während Mobutu[G] in den Rang eines Colonels (oder was es auch war) befördert wurde und in der Kolonialarmee stolz die belgische Fahne trug, schmachtete Lumumba[G] im Gefängnis und rief nach Freiheit. Jedem Mobutu stand ein Lumumba gegenüber, jedem Buthelezi[G] ein Mandela und jedem Afrifa-Kotoka[G] ein Kwame Nkrumah[G].

Afrika muss die problematische Beziehung der nationalen Mittelklasse zur imperialistischen Bourgeoisie auf der einen und zum Volk auf der anderen Seite untersuchen. In *Die Verdammten dieser Erde* (1961) sieht Frantz Fanon[G] in dieser Beziehung Schwäche und Stärke Afrikas gleichermaßen, je nachdem, welche Beziehung in einem gegebenen historischen Augenblick vorherrschend ist. Fanon beschreibt die nationale Bourgeoisie, die den antikolonialen Widerstand anführt und an die Macht gelangt, als eine unterentwickelte Mittelklasse ohne wirtschaftliche Kraft, der weder Finanziers noch Industrielle angehören. Sie ist weder in die Produktion noch in Erfindung, Bau oder Arbeit eingebunden. Sie ist vollständig auf vermittelnde Aktivitäten beschränkt. Sie besitzt keine Waffen, weder Gewehre noch gepanzerte Fahrzeuge.

Woher bezog sie angesichts dieser Tatsache die Kraft, die bewaffnete Macht des Kolonialstaates herauszufordern? Das ging nur durch ihre Beziehung zum Volk. Sie organisierte die arbeitenden

Menschen, die Kleinbäuer*innen, die Fischer*innen, die Hirt*innen, die Landlosen und die Arbeitslosen, die Arbeiter*innen in den Fabriken und auf den Plantagen. Sie arbeitete mit ihren Träumen für bessere Löhne, bessere Erträge für ihr Getreide, adäquate Schulen, erschwingliche Häuser und gesunde Körper. Sie ermöglichte dem Volk einen Traum von der Kraft zur Änderung seiner Lebensbedingungen. Die nationalistische Mittelklasse stellte ihrerseits ihre Ressourcen — ihre Kenntnis der Welt, der Bücher und Ideen — in den Dienst des Kampfes. Im Südafrika des ausgehenden neunzehnten und frühen zwanzigsten Jahrhunderts wurden die Ideen von Booker T. Washington[G], W. E. B. DuBois[G], Marcus Garvey[G], Karl Marx und auch jene, die in den verschiedenen religiösen Bewegungen entstanden (so zum Beispiel die Idee unabhängiger Kirchen), ernsthaft diskutiert. Die Intellektuellen versuchten, den Menschen diese Ideen über Zeitungen und Bücher in ihren je eigenen Sprachen nahezubringen. Im Kenia der 1920er und 1930er Jahre teilten die Intellektuellen, die in Besitz von Marcus Garveys Zeitung *Negro World* kamen, das Gelesene mit denen, die keinen Zugang dazu hatten. Diese Schicht der Intellektuellen besaß eine organische Beziehung zu den Massen.

Auf der nationalen Ebene setzte sie der Taktik des Teile-und-herrsche des Kolonialregimes die nationale Einheit entgegen. Auf kontinentaler Ebene brachte sie die Vision des Panafrikanismus hervor, die neben den Menschen, die auf dem Kontinent lebten, auch die Menschen in der Diaspora einschloss. Ihr Panafrikanismus widersprach dem kolonialen Spiel, den Kontinent in ein saharisches und ein subsaharisches Afrika zu unterteilen, und lehnte regionale phonische Identitäten ab, die sich aus ihrer kolonialen Beziehung zu den großen europäischen Mächten ergaben. Auf internationaler Ebene charakterisierte der antikoloniale Kampf folgerichtig den Feind als die imperialistische Herrschaft im Auftrag der internationalen Klasse, der die Bergwerke und Farmen, die verarbeitende Industrie und die Banken gehörten — mit anderen Worten, jene Herrschaft, die der imperialistischen Bourgeoisie half, sich an den elenden Bedingungen der schlecht bezahlten Arbeit zu bereichern. Die Intellektuellen des antikolonialen Teils der Mittelklasse wappneten sich mit einem positiven Gefühl ihres Wertes und ihres Platzes in der Geschichte. Ihre Vision des Seins war im

Volk verankert, der tatsächlichen Machtbasis des erfolgreichen antikolonialen Widerstands gegen den Imperialismus.

Man könnte meinen, dass diese Beziehung, die zum Sieg über alle bewaffneten Widerstände geführt hatte, das felsenfeste Fundament des postkolonialen Staates werden sollte. Doch diese Erwartung wurde enttäuscht.

Als die nationalistische Mittelklasse den Staat übernahm, änderte sie ihre Beziehung zum Volk. Sie weigerte sich zu erkennen, dass ihre Macht nicht vom Zugriff auf die Schalthebel der Wirtschaft herrührte — denn das traf einfach nicht zu: Diese befanden sich immer noch in den Händen der internationalen Bourgeoisie. Mit pfauengleichem Stolz verhielt sich die nationalistische Mittelklasse jetzt so, als wären ihr die hübschen Federn wegen ihrer innigen Beziehung zum Imperialismus gewachsen. Als wäre ihr die Macht auf einem silbernen Teller überreicht worden.

In dem brillanten Kapitel mit der Überschrift »Missgeschicke des nationalen Bewusstseins« führt Fanon aus, dass ihre neue Mission nichts mehr mit einer Umwandlung der Gesellschaft zu tun hatte: »... vielmehr (geht es) darum, ganz prosaisch als Transmissionsriemen für einen Kapitalismus zu dienen, der, zur Tarnung gezwungen, sich heute mit der neokolonialistischen Maske schmückt.«[11] Fanon zufolge nationalisierte und normalisierte die Klasse selbst in jenen Tagen, da Nationalisierung ein Zauberwort darstellte, lediglich die unfairen Vorrechte, die ihr Erbe aus der kolonialen Periode waren. Dies wurde klassisch inszeniert, als Jomo Kenyatta, neuer Präsident einer Nation, die für ihre Unabhängigkeit gekämpft hatte, diejenigen nationalen Anführer*innen öffentlich als faul geißelte, die sich weigerten, den Massen ihr Land wegzunehmen, und jene lobte, die über Nacht reich geworden waren. Andere, die später schrieben, dass eine politische Unabhängigkeit ohne wirtschaftliche lediglich eine im Wind wehende Fahne bleibe,

11 Frantz Fanon: *Die Verdammten dieser Erde*, Frankfurt: Suhrkamp, 1966, S. 130, OT: *Les Damnés de la terre*

wurden ins Gefängnis geworfen. Der zweite klassische Fall war der eines ghanaischen Ministers, der sich mit öffentlichen Geldern in England ein goldenes Bett kaufte — eine Verhöhnung von Nkrumahs Aufruf zur Bescheidenheit.

Die wirtschaftlichen Konsequenzen waren fatal. Nicht, weil die Menschen aufhörten zu produzieren, sondern weil sich die Strukturen, die sie als Erweiterungen der europäischen Ökonomien in die internationale kapitalistische Ordnung einbanden, niemals tatsächlich änderten. Alter Wein in neuen Schläuchen. In Kenia gab es nicht eine einzige neue Eisenbahnstrecke nach der Bahnlinie, die zu Beginn der kolonialen Periode vom Kolonialstaat gebaut worden war. Diese Bahn war selbstverständlich angelegt worden, um Kenia besser in die internationale kapitalistische Ordnung zu integrieren. Dennoch hätte das unabhängige Kenia sicherlich weitere Eisenbahnstrecken, mehr Straßen, eine bessere Infrastruktur errichten können, um einen besseren Fluss von Waren und Dienstleistungen zu ermöglichen und um den wirtschaftlichen Zusammenhalt des Landes zu sichern, indem man zuerst die eigenen Bedürfnisse befriedigt und erst dann den Überschuss in fairem Austausch exportiert. Jedoch erlangten die ausländischen, westlichen Interessen im postkolonialen Kenia denselben Vorrang, den sie in den kolonialen Zeiten hatten. Afrikas Ressourcen — Kupfer, Gold, Diamanten, Uran und Erdöl zum Beispiel — blieben selbst unter den Flaggen der Nationalstaaten mehr Fluch denn Segen. Ein Segen waren sie nur für den Teil der Mittelklasse, der für seine aufsichtführenden Dienste seinen Anteil erhielt. Gibt es irgendeinen anderen Grund dafür als die innige Beziehung zur imperialistischen Bourgeoisie, dass eine ölfördernde Region unter kaputten Straßen zu leiden hat, unter verfallenden Schulen, Hospitälern und Häusern für die vielen, während einige wenige im Luxus schwelgen und in den Hauptstädten des Westens auf Einkaufstour gehen? Keine Reinvestition in die Region, in das Land, in die Menschen?

Die politischen Nachwehen sind noch gravierender. Das Bewusstsein, das sich mit den Visionen von nationaler Einheit, afrikanischer Einheit und Panafrikanismus herausgebildet hatte, wurde jetzt regionalisiert und schließlich reduziert auf kurzsichtige ethnische und Clan-Visionen. Der Einparteienstaat mit einem obersten Anführer war geboren, und in der Zeit des Kalten Krieges wurde die schicksalhafte Militärdiktatur von Seiten des Westens toleriert (in manchem Fall auch initiiert). Die weitergreifende Vision, die über die Selbstvergrößerung des obersten Anführers hinausgeht, ist noch die ethnische. Sie ist jedoch nicht ethnisch im Sinne einer im Luxus schwelgenden Gemeinschaft, sondern vielmehr im Sinne einer vulgären Elite, die ihre Vulgarität und Kurzsichtigkeit als Vision der gesamten Ethnie verkauft und gegen die gleichermaßen vulgäre Elite einer anderen Ethnie um die Krumen vom Tisch des Imperialismus kämpft. Der Anführer kleidet sich in die Farben der Nationalflagge und umgibt sich mit Kumpanen und Speichelleckern aus seinem Dorf oder anderen Regionen des Landes. Sein Empfang durch die westlichen Anführer wird, einschließlich des unvermeidlichen Schulterklopfens dafür, dass er ein so treuer Verbündeter ist, zur Ehrung an sich. Das militärische Votum und die bewaffnete Zustimmung des Westens — nicht des Volkes — sind alles, was er braucht, um die Macht aufrechtzuerhalten. Und doch hat eben diese Elite, wird sie in die Ecke gedrängt und soll sie die Verantwortung für ihre Verbrechen gegen das eigene Volk übernehmen, nicht das geringste Problem damit, die antiimperialistischen Sprüche der Vergangenheit wieder auferstehen zu lassen.

Tatsache ist, dass der Anführer — sei er nun ein militärischer oder ein ziviler Diktator —, wenn er dem Volk den Rücken zukehrt, Repräsentant der Mittelklasse ist, die als Ganzes oder teilweise schnell vergisst, dass ihre Macht im Volk wurzelt.[12] Mitunter ist sie sich ihrer vollständigen Identifikation mit den Ansichten ihrer westlichen Pendants nicht einmal bewusst. Das liegt daran, dass die Denkweise der Mittelklasse sich so vollständig mit dem der europäischen Bourgeoisie vereinigt hat, dass eine solche Vergesslichkeit normal und natürlich erscheint. Die europäischen Hauptstädte der ehemaligen Kolonialmächte

12 Chinua Achebes Roman *Anthills of the Savannah* (1988, dt. *Termitenhügel in der Savanne*, Ü: Susanne Köhler, Frankfurt: Fischer, 1991) beschreibt, was auf die postkoloniale Situation in ganz Afrika zutrifft: die Tatsache, dass der Militär und seine Kollaborateure ebenso wie ihre Widersacher oftmals Absolventen derselben Schulen und Hochschulen sind.

(London, Paris, Amsterdam, Brüssel, Lissabon, Rom) sind für Teile dieser Klasse zum gesellschaftlichen Mekka geworden — ihre Einkaufszentren und die Schweizer Banken zu sicheren Orten für das Beutegut aus dem eigenen Land.

Die wirtschaftliche und politische Praxis der herrschenden Mittelklasse, die die Mehrheit des Volkes systematisch ausschließt, wurzelt in der Kultur, die sie unkritisch übernommen hat. Ihre Helden sind häufig die Machthaber der imperialistischen Zeiten: Napoleon war es im Falle von Jean-Bédel Bokassa[G], der seine Selbstkrönung zum Kaiser der Zentralafrikanischen Republik nach dessen Vorbild inszenierte; oder Winston Churchill, dessen kriegstreiberische Sprüche zur Verteidigung des britischen Weltreiches einigen Politikern recht häufig über die Lippen kommen. Viele verhalten sich, als hätten sie wegen ihrer ethnischen Zugehörigkeit ein gottgegebenes Recht zu herrschen. Das Wort Gouverneur mit all seinem kolonialen und antidemokratischen Klang ist zum Lieblingstitel der frisch geschaffenen Akteure regionaler Macht geworden.

Die Wurzeln dieser Identifikation mit den kulturellen Symbolen des Westens sind unschwer zu erkennen. Die Bildung der Schwarzen Elite erfolgt vollständig in den europäischen Sprachen. Ihr Bild der Welt bewegt sich innerhalb der Parameter dieser ererbten Sprachen. Am wichtigsten dabei ist, dass dadurch die Elite zum integralen Bestandteil einer globalen Sprachgemeinschaft wird. Innerhalb der afrikanischen Nationen bleiben die europäischen Sprachen das, was sie während der Kolonialperiode waren: die Sprachen der Macht, der Konzeption und Artikulation für die Welten der Wissenschaft, der Technik, der Politik, der Rechtsprechung, des Handels, der Verwaltung und sogar der Kultur. Dadurch sind die meisten afrikanischen Nationen geteilt: in eine winzige Gruppe innerhalb des privilegierten Sprachkreises, der die verschiedenen ethnischen Grenzen überschreitet; und die Mehrheit, die unterschiedliche ethnische Sprachen spricht, jedoch durch ihre gemeinsame Position außerhalb dieses privilegierten Sprachkreises gekennzeichnet ist. In *Schwarze Haut, weiße Masken* (1952) berührt Frantz Fanon dieses Problem. Er stellt dar, dass der Erwerb einer kolonialen Sprache mit dem Erwerb der Bedeutung der von ihr getragenen Zivilisation gleichzusetzen ist, einschließlich ihres Konzepts zur Organisation der Wirklichkeit. Die winzige Gruppe ihrer Sprecher*innen wird aus den obersten fünf Prozent einer jeden ethnischen Nationalität rekrutiert und sieht sich meist selbst so, als konstituiere sie die Nation als Ganzes. Indem sie sich über die verschiedenen ethnischen Grenzen hinwegsetzt, vermag die Sprache der Macht den Anschein zu erwecken, als wäre sie die nationalere. Die Eingliederung der Mittelklasse in die europäische Geistesgeschichte, wie sie sowohl vor als auch nach der Unabhängigkeit erfolgt, stellt eine wesentliche Schwäche dieser Klasse dar.[13] Diesen Punkt hebt Fanon hervor, wenn er die nationale Bourgeoisie beschuldigt, dass sie sich mit der westlichen Bourgeoisie identifiziert, deren Lektionen sie auswendig gelernt hat.[14]

III

Die sprachliche Eingliederung der afrikanischen Elite in die europäische Geistesgeschichte hat fatale Auswirkungen auf Afrika.[15] Die offensichtlichste Folge besteht darin, dass nahezu alle afrikanischen Staaten und gebildeten Afrikaner*innen uneingeschränkt akzeptieren, dass Englisch, Französisch und Portugiesisch die angemessenen Sprachen dafür seien, Wissen und Informationen hervorzubringen und zu speichern. Das hat dazu geführt, dass den Massen, den gesellschaftlichen Trägern des Wandels, der Zugang zu Wissen und Informationen verwehrt bleibt, den sie am dringendsten benötigen, um die Welt zu verändern. Der vom kapitalistischen Fundamentalismus so verehrte Trickle-down-Effekt in der Wirtschaft spiegelt sich in Trickle-down-Bildung,

13 In meinem Buch *Something Torn and New: An African Renaissance*, New York: BasicCivitas, 2009, äußere ich mich ausführlicher über die Politik des Gedächtnisses.

14 Frantz Fanon: *Die Verdammten* ..., S. 150

15 Vgl. Ngũgĩ wa Thiong'o: *Something Torn and New*

-Information und -Wissen wider. In meinen Büchern *Decolonizing the Mind* (1986, dt. Übersetzung *Dekolonisierung des Denkens*, 2017) und *Penpoints, Gunpoints and Dreams* (1998) habe ich mich ausführlich mit diesem Problem befasst, und je mehr ich die Situation betrachte, umso mehr habe ich den Eindruck, dass die sprachliche Eingliederung der afrikanischen Bildungselite in die bourgeoise Geistesgeschichte Europas einen aktiven Beitrag zu Afrikas Rückständigkeit leistet. Und das in dem Sinne, dass gebildete Afrikaner*innen, die hartnäckig innerhalb der linguistischen Mauern der europäischen Sprachen verbleiben, unabhängig von ihrer erklärten gesellschaftlichen Vision (der Linken oder der Rechten) Teil des Problems sind und nicht der Lösung. Die europäische Geistesgeschichte beschwert wie eine tote Last die Selbstwahrnehmung Afrikas und hindert die Elite — selbst deren radikalste Vertreter*innen — daran, sich mit dem zu verbinden, was Fanon als das revolutionäre Kapital bezeichnet — das Volk.[16] Die revolutionären Flugblätter, mit denen die Straßen Kenias in jenen Jahren des Kampfes gegen die Moi-Diktatur überflutet wurden, waren nahezu alle auf Englisch verfasst. Anders als die Flugblätter gegen die koloniale Diktatur, die stets in afrikanischen Sprachen gehalten waren und dadurch den Kampf unterstützten, weil sie dem Volk halfen, den Kolonialismus zu verstehen und ihn somit besser bekämpfen zu können. Die Flugschriften gegen die postkoloniale Missherrschaft trugen aufgrund der Sprachen, in denen sie abgefasst waren, kaum etwas zur Popularisierung der Ideen bei. Mehr als alles andere ist es diese Eingliederung in das Europäische, die die Afrikaner*innen davon abhält, Alternativen außerhalb der hegemonialen wirtschaftlich-politisch-kulturellen Matrix des Westens zu denken.

Die herrschende Elite klammert sich zum Beispiel immer noch an Europas Konzept des Nationalstaates. In präkapitalistischer Zeit verbanden sich mit dem Wort zum großen Teil keine streng bewachten Grenzen, die zu überschreiten ein Verbrechen darstellte. Grenzen waren häufig Punkte wechselseitigen Austausches und in einigen Fällen

[redacted]

16 Frantz Fanon: *Die Verdammten …*, S. 128

auch Orte, an denen verschiedene intellektuelle und kulturelle Strömungen aufeinandertrafen. Grenzen verbanden mehr, als dass sie teilten. Der Nationalstaat, die Form, in der die kapitalistische Moderne ihre Macht organisierte, entstand mit Vorstellungen von Besitz im Allgemeinen und territorialem Besitz im Besonderen. Der europäische Nationalstaat, die Sklavenplantage, die Kolonie und das Gefängnis sind zeitgleich entstehende Produkte ein und desselben Augenblicks der Geschichte.

Es überrascht nicht, dass diese Institutionen ähnliche Merkmale haben. Das erste Merkmal zeigt sich in einem umschriebenen Raum, häufig mit einer einzigen Stelle für Ein- und Austritt. Es handelt sich um geschlossene Räume, die von einer Autorität überwacht werden. Bei all diesen Räumen werden die Tore ständig bewacht. Ohne die Zustimmung einer allessehenden, zentralisierten Autorität und des ihr zur Verfügung stehenden Überwachungssystems darf man diesen Raum nicht betreten oder verlassen. Das Kommen und Gehen wird sorgfältig erfasst. Die Grenze wird so zur Mauer, die jene drinnen von denen draußen trennt.

Die Plantage, die Kolonie, das Gefängnis und der Nationalstaat ahmen einander nach oder greifen einander vielfach vor. Die Sklavenplantage ist in der Flurbereinigungsbewegung im England des achtzehnten Jahrhunderts enthalten, mit der Bauern von den Allmenden[G] vertrieben und in überfüllten Städten zum Arbeitskräftereservoir wurden.[17] Wer Schafe stahl, um zu überleben, wurde gehenkt. Kurz darauf jedoch wurden solche Menschen in Kolonien abgeschoben, die als Gefängnisse dienten. Eine ganze Anzahl Kolonien, wie etwa Australien und Angola, waren gleichzeitig Siedlergebiet und Strafkolonie. Es kann deshalb zum Beispiel kaum überraschen, dass der für die Gefängnisse verantwortliche Minister Frankreichs zugleich für die Kolonien zuständig war.[18] Der Nationalstaat beruht auf Teilung, Trennung und zentraler

[redacted]

17 Vgl. Karl Polanyis Auseinandersetzung mit der Flurbereinigungsbewegung in *The Great Transformation*, Boston, Beacon Press, 1995

18 Michel Foucault: *Discipline and Punish: The Birth of the Prison*, (1975) New York: Vintage Books, 1995, dt. *Überwachen und Strafen: Die Geburt des Gefängnisses*, Frankfurt: Suhrkamp, 1976

Kontrolle. Bei der Machtausübung spielt das Gefängnis eine zunehmend bedeutsame Rolle.

Heute hat manches Land eine Gefängnispopulation, die eine eigene Nation ausmachen könnte. Das Überwachungssystem des Gefängnisses — der Orwell'sche Staat aus *1984* — wird als nicht zu hinterfragende, alltägliche Norm hingenommen. Big Brother beobachtet selbst aus dem All, ist ansonsten am sichtbarsten an Flughäfen, auf Straßen und manchmal sogar in den Häusern.

Der europäische Nationalstaat schuf, was Aimé Césaire [G] in seinem *Discourse sur le Colonialisme* (1950) als unauflösbares Problem des Proletariats sieht — innerhalb seiner Grenzen und in der Kolonie außerhalb seiner Grenzen. Der Kolonialstaat war eine Schöpfung des europäischen Nationalstaates. Indem er Untertan des Mutterlandes blieb, war das koloniale Staatsgebilde als solches keine unabhängige Einheit in den internationalen Beziehungen. Es handelte mehr wie ein militärisch besetztes Land im Interesse des Mutterstaates. In seiner Form aber war es eine Nachahmung des europäischen Nationalstaates, aufgebaut auf den einander zuwiderlaufenden Praktiken der Abschottung (die Plantage), der Integration und der Separation.

Die bedeutsamste Teilung Afrikas war die Festlegung von Einfluss- und Kontrollsphären der europäischen Mächte, die sich 1884 in Berlin trafen. Die Teilungen und Grenzen waren äußerst willkürlich, brachten oftmals verschiedene Nationen in einer geografischen Einheit zusammen, während sie andere Nationen zu Splittergruppen unter unterschiedlicher Herrschaft machten. Die Nation der Somali ist das beste Beispiel für ein Volk, das ein gemeinsames Gebiet besiedelte, Sprache, Kultur und Geschichte miteinander teilte und doch fünffach geteilt wurde — in Französisch-Dschibuti, Italienisch-Somaliland, Britisch-Somaliland, Kenia und das feudale Äthiopien. Diese Geschichte wiederholte sich auf dem gesamten Kontinent. Die kolonialen Grenzen waren künstlich gezogen und sie spalteten. Im Innern der Kolonie enteignete der Kolonialstaat die ehemals landbesitzenden, unabhängigen und gemeinschaftlich organisierten Bauern, die er, in geschichtlicher Nachahmung der englischen Flurbereinigungsbewegung, in Städten zusammenpferchte, um eine Reservearmee an Arbeitskräften zu schaffen.

Der Kolonialstaat überlebte eine Bedrohung nach der anderen durch die Enteigneten und durch das neue Proletariat, indem er sicherstellte, dass die Gemeinschaften innerhalb seiner territorialen Grenzen entlang religiöser und ethnischer Linien geteilt blieben. So war es Afrikanern*innen in Kenia zwischen 1922 und 1960, bis zwei Jahre vor der Unabhängigkeit, nicht gestattet, politische Vereinigungen zu bilden, die das ganze Territorium umfassten. Der Kolonialstaat hatte auch deshalb Erfolg, weil er die entstehende Mittelklasse in eine Allianz des gegenseitigen Vorteils einband. Die Armee, die Polizei und die Gefängnisse arbeiteten zusammen, um den Kolonialstaat gegen eine widerständige Bevölkerung aufrechtzuerhalten; denn wozu sonst sollten Kenia, Uganda und Tansania (allesamt britische Kolonialstaaten) unterschiedliche Territorialarmeen benötigen? Gleiches gilt für das ehemalige Nyasaland, das heutige Malawi, und die beiden rhodesischen Kolonien Großbritanniens, die heutigen Staaten Sambia und Simbabwe! Der postkoloniale unabhängige afrikanische Staat war nichts anderes als eine Nationalisierung des Kolonialstaates, bei dem die ererbten Territorialgrenzen nun als notwendig sanktioniert wurden und weil, was wichtiger ist, die neuen an der Macht befindlichen Klassen unfähig waren, sich eine andere Form des Staates vorzustellen. Von allen aufstrebenden postkolonialen Anführern waren es einzig Nkrumah und Nyerere, die ihre Nationalstaaten nur zum Teil als souverän ansahen und gewillt waren, den Status der Souveränität für eine Union mit anderen afrikanischen Staaten aufzugeben. Wenn das nicht geschehe, blieben die afrikanischen Identitäten durch die ehemaligen Kolonialherren auf der Landkarte eingetragen, von ihnen gekennzeichnet und mit Namen versehen, und die afrikanische Mittelklasse bliebe untrennbar mit dem Erhalt dieser Grenzen verbunden, deren Verlauf um Klan und Dorfkönigreich herum sie wirklich nicht gefordert hatte.

Dabei müssen die Afrikaner*innen lediglich einen flüchtigen Blick auf ihre Geschichte werfen, um zu erkennen, dass ihre Kämpfe immer dann am erfolgreichsten waren, wenn sie gegen die Art und Weise aufstanden, in der sie vom kolonisierenden Denken Europas bestimmt und eingeordnet wurden. Dafür ist der Panafrikanismus das beste Beispiel. Diese Vision, die ursprünglich von afrikanischen Intellektuellen in der Diaspora stammte und mit zusätzlichen Ideen vom afrikanischen Kontinent genährt wurde, stellte eine kreative Antwort auf die europäische Teilung Afrikas dar. »Afrika den Afrikanern, zuhause und in der Fremde«, rief Garvey. Edward Wilmot Blyden [G], H. Silvester Williams [G], Amy Ashwood Garvey [G], W. E. B. DuBois [G], C. L. R. James [G], Kwame Nkrumah, George Padmore [G], Frantz Fanon und eine ganze Reihe anderer — Männer wie Frauen — stellten sich ein vereintes Afrika vor, das Heimat für alle Völker afrikanischer Herkunft sein sollte. Sie hatten die Vision eines afrikanischen Kontinents ohne innere Grenzen, eines Afrikas, das seine legitime Rolle in der Nationengemeinschaft spielt. Höhepunkt dieser Vision war der 5. Panafrikanische Kongress 1945 im englischen Manchester, der zur Folge hatte, dass Anführer wie Nkrumah und Kenyatta mit neuer Tatkraft und Energie nach Afrika zurückkehrten. Nkrumah erklärte in seinem Buch *Africa Must Unite* (1963), dass die Unabhängigkeit Ghanas 1957 ohne die Befreiung des gesamten Kontinents bedeutungslos sei. Europa lachte ihn aus, verspottete ihn gar. Doch betrachten wir uns die umgekehrte Situation. Diejenigen Europäer*innen, die früher die Forderung nach einer panafrikanischen Einheit und einer Regierung für ein Vereintes Afrika herabwürdigten, vereinigen sich heute zur Europäischen Union mit gemeinsamem Parlament, gemeinsamer Währung und der Freiheit, sich über die Grenzen hinweg zu bewegen. Ein vereintes Europa wird sich offensichtlich in einer stärkeren Position befinden und einen größeren Anteil an den Ressourcen der globalisierten Welt erlangen können. Afrika aber, dem man das aus der Mode gekommene Modell des Nationalstaates verkauft hatte, verabschiedete sich von der panafrikanischen Vision, die dem Kontinent die wenigen Errungenschaften einbrachte, die er besitzt; es zog sich hinter nationale Grenzen zurück und sogar noch weiter: hinter ethnische und die Grenzen von Clanstaaten, die aus einer Position wachsender Schwäche mit der zunehmenden Macht der europäischen und amerikanischen Blöcke verhandeln müssen.

Es ist offensichtlich, dass die afrikanische Elite, wenn Afrika Fortschritte machen soll, zu ihrer wirklichen Basis zurückkehren muss: dem Volk. Eine glaubwürdige Mittelklasse in einem unterentwickelten Land, so schrieb Fanon, sollte sich von ihrer vom kolonialen Schicksal bestimmten Rolle als Werkzeug des Kolonialismus distanzieren »und sich ganz und gar in den Dienst des revolutionären Kapitals stellen, das das Volk repräsentiert«. Eine solche Klasse, so fährt er fort, sollte »ihm das intellektuelle und technische Kapital zugänglich machen, das sie in ihrer Zeit an den kolonialen Universitäten aufgelesen hat«.[19] Die Distanzierung würde nichts weniger heißen, als dass die intellektuelle Fraktion der Mittelklasse, die afrikanische Intelligenzija, sich aus der europäischen Geistesgeschichte löst, indem sie die Idee zurückweist, dass die europäischen Sprachen die einzig legitimen Mittel zur Organisation und Formulierung von Wirklichkeit und Traum darstellen. Sie sollte nicht zur Gefangenen ihres Erfolges werden, dass sie in Universitäten im In- und Ausland Wissen aufschnappen konnte. Die Rückgewinnung und Nutzung der Volkssprachen besitzt höchste Bedeutung. Eine Rückkehr zur Basis, zum Volk, muss zumindest die Verwendung einer der Sprachen bedeuten, die die Menschen sprechen. Alle weiteren linguistischen Ergänzungen sollten der Stärkung, Vertiefung und Erweiterung dieser Kraft der von den Menschen gesprochenen Sprachen dienen.

Ist es kein Schandfleck auf dem Selbstwertgefühl eines ganzen Kontinents, dass bis zum heutigen Tag außerhalb Äthiopiens kein einziger Vertrag zwischen Afrika und der übrigen Welt in einer afrikanischen Sprache abgefasst worden ist? Anstatt sich dieser Situation zu stellen, hat die gesamte afrikanische Intelligenzija, ohne auch nur den Hauch eines Widerstands, davor kapituliert, was sie als unüberwindbare Hürde betrachtet. Sie »verschwindet mit befriedeter Seele« in der Komfortzone der europäischen Sprachen.[20] Afrikas Träume stecken weiterhin in europäischen Klanghüllen fest, unerreichbar für die afrikanischen Menschen. Die Abkehr der Intellektuellen vom Volk, das Härten ertrug, damit sie sich Bildung aneignen konnten — verbunden mit der Erwartung fruchtbarer Erträge — ist der eigentliche Triumph des Kolonialismus und eine Schande für den größten Teil der afrikanischen Intelligenzija.

19 Frantz Fanon: *Die Verdammten* ..., S. 150

20 Ebenda. Fanon beschreibt den Rückzug der Mittelklasse als Ganzes in die, wie er es nennt, »schockierende Lebensart ... einer traditionellen Bourgeoisie«.

Zum Glück hat es stets einige Intellektuelle gegeben, die sich weigerten aufzugeben und die das Thema am Leben erhalten haben. In Äthiopien hat es immer intellektuelle Arbeiten gegeben, die in afrikanischen Sprachen geschrieben worden sind. Die Intellektuellen der Xhosa und Zulu diskutierten im neunzehnten und frühen zwanzigsten Jahrhundert über die beste Sprache für die Moderne Afrikas, und einige von ihnen, Samuel Mqayi[G] und Benedikt Wallet Vilakazi[G], traten standhaft für die afrikanischen Sprachen ein. Diese Fürsprache setzt sich in der Arbeit von Cheikh Anta Diop[G] und Obi Wali[G] fort. Im Augenblick gibt es Anzeichen dafür, dass afrikanische Intellektuelle ernsthaft über einen Ruf nach afrikanischen Sprachen nachzudenken beginnen, wie zum Beispiel im Werk von Kwesi Kwaa Prah[G]. Das in Kapstadt beheimatete Centre for African Studies ist zum wichtigen Verfechter einer Zentralstellung der afrikanischen Sprachen in Bildung, Technik und Wissenschaft geworden. Einige Regierungen, vor allem Südafrikas und Eritreas, bemühen sich, eine aufgeklärte Politik für afrikanische Sprachen umzusetzen. Die Konferenz über Literatur und Wissen in afrikanischen Sprachen, die zu Beginn des Jahres 2000 in Eritrea stattfand, war in vieler Hinsicht ein Wendepunkt. Die Konferenz verabschiedete die Asmara Declaration, in der die Forderung erhoben wird, dass sich die afrikanischen Sprachen der Pflicht, der Verantwortung und der Herausforderung stellen, für den Kontinent zu sprechen. Das war tatsächlich ein Aufruf an Afrika, sich wieder mit der Geschichte und dem Denken des Kontinents zu vereinen und sich auf dieser Grundlage mit der Welt auseinanderzusetzen. Die zehn Punkte sind ein Manifest dieses einzigen Mittels, mit dem die afrikanische Intelligenzija Fanons Aufruf befolgen kann, seine intellektuelle Produktion dem Volk zur Verfügung zu stellen und sich darüber mit dem revolutionären Kapital zu verbünden — dem Volk.[21] Das ist ein fundamentaler Schritt bei Afrikas Suche nach einem

[redacted]

21 (i) Afrikanische Sprachen müssen sich der Pflicht, der Verantwortung und der Herausforderung stellen, für den Kontinent die Stimme zu erheben. (ii) Die Vitalität und Gleichheit der afrikanischen Sprachen muss als Basis für die zukünftige Stärkung der afrikanischen Völker

Ausweg aus der globalen Zwangslage: Unsere Menschen mit dem Wissen und den Informationen zu wappnen, mit denen sie besser ausgerüstet sind, ihren rechtmäßigen Anteil an der Welt einzufordern.

Es steht außerdem fest, dass Afrika dringend Nkrumahs Aufforderung befolgen muss: Africa Must Unite. Afrika kann nicht einerseits in winzige politische und wirtschaftliche Einheiten zersplittert sein und andererseits seinen Anteil an der Welt einfordern. Aber: Stellen diese beiden Möglichkeiten nicht einen Widerspruch dar? Kann das Afrika der vielen Sprachen und kulturellen Strömungen vereinigt werden?

Die Auffassung eines unauflösbaren Gegensatzes beruht auf der Annahme, dass die Einsprachigkeit die sine qua non der Modernität ist. Dies führt zudem zu der historisch falschen Vorstellung, dass

[redacted]

anerkannt werden. (iii) Die Verschiedenheit der afrikanischen Sprachen spiegelt das reiche kulturelle Erbe Afrikas wider und muss als Instrument der afrikanischen Einheit genutzt werden. (iv) Der Dialog der afrikanischen Sprachen ist außerordentlich wichtig: Afrikanische Sprachen müssen das Instrument der Übersetzung nutzen, um die Kommunikation aller Menschen, einschließlich der Behinderten zu befördern. (v) Alle afrikanischen Kinder haben das unveräußerliche Recht, die Schule zu besuchen und in ihren Muttersprachen zu lernen. Es sollten alle Anstrengungen unternommen werden, die afrikanischen Sprachen auf allen Bildungsstufen zu entwickeln. (vi) Die Förderung der Forschung zu afrikanischen Sprachen ist für ihre Entwicklung lebenswichtig. Gleichzeitig ist ihrem Fortschritt durch die Verwendung der afrikanischen Sprachen am besten gedient. (vii) Die effektive und schnelle Entwicklung von Wissenschaft und Technik in Afrika hängt von der Verwendung afrikanischer Sprachen ab. Die moderne Technik muss für die Entwicklung der afrikanischen Sprachen genutzt werden. (viii) Für die gleichberechtigte Entwicklung der afrikanischen Sprachen stellt die Demokratie eine wesentliche Voraussetzung dar. Umgekehrt sind die afrikanischen Sprachen eine wichtige Voraussetzung für die Entwicklung einer auf Gleichberechtigung und sozialer Gerechtigkeit basierenden Demokratie. (ix) Wie alle Sprachen enthalten auch afrikanische Sprachen geschlechtliche Vorurteile. Die Rolle der afrikanischen Sprachen in Entwicklung muss diese geschlechtlichen Vorurteile überwinden und Geschlechtergleichberechtigung erreichen. (x) Afrikanische Sprachen sind für die Entkolonisierung des afrikanischen Denkens und für eine afrikanische Renaissance unverzichtbar.

andere Gesellschaften durch Monokulturalismus gekennzeichnet seien. Wenn wir umfassend und historisch denken, können wir erkennen, dass das tatsächlich nie der Fall gewesen ist. Selbst in Europa gibt es viele Sprachen (mindestens einhundert). Und wenn wir die Sprachen mitzählen, die durch Migrant*innen in jüngerer Zeit hereingetragen wurden, dann sprechen wir über hunderte Sprachen und autonome Dialekte. Die USA mit ihren fünfzig Staaten haben mehr Sprachen, Religionen und Ethnien als jeder andere territoriale Nationalstaat auf der Welt. Offiziell mag man dies für einen linguistischen Schmelztiegel halten, die Wirklichkeit an der Basis spricht aber eine andere Sprache. In Kanada wird die Sprachenfrage weiterhin diskutiert. Das Vorhandensein vieler Sprachen ist kein besonderes afrikanisches Problem. Eigentlich ist es überhaupt kein Problem. Dennoch hält sich die Annahme, dass viele Sprachen mit der Einheit und einer kontinentalen afrikanischen Identität nicht vereinbar seien. Das veranlasste Diop 1948 zu der abschätzigen Erwiderung auf den gewöhnlich erhobenen Einwand, dass Afrikaner*innen niemals zu einer linguistischen Einheit finden können: »Es ist absolut verkehrt zu glauben, dass diese offensichtliche Vielfalt der Sprachen ein ernsthaftes Hindernis für die Errichtung einer indigenen Kultur« darstellt. Er wies darauf hin, dass die 600 Sprachen zu vier Hauptsprachen verschmolzen werden können, »die man zu Instrumenten entwickeln kann, mit denen sich das gesamte afrikanische Denken ausdrücken lässt. Und es braucht nicht mehr als Willensstärke, Festigkeit und Entschlossenheit seitens der Afrikaner, sich intellektuell und moralisch zu befreien«.[22]

Man muss sich nicht für vier Hauptsprachen einsetzen, um klarzustellen, dass die Vielzahl der Sprachen keine Barriere für die Entwicklung darstellt. Die Afrikaner*innen müssen sich dazu bekennen, dass es in jedem Land viele Nationalitäten und Sprachen gibt und diese Wirklichkeit als Ausgangspunkt akzeptieren. Das führt uns zu der Frage:

[redacted]

22 Cheikh Anta Diop: *When Can We Talk of an African Renaissance*, in: *La Musee*, November 1948, Nachdruck in *Towards the African Renaissance: Essays in African Culture and Development*, 1946-1960, London: Karnak House, 1996, S. 37

Wie können diese Sprachen genutzt werden, die Einheit der afrikanischen Völker in einem Land und auf dem Kontinent zuwege zu bringen?

Der beste Weg, die kulturelle Basis für die afrikanische Einheit zu schaffen, besteht darin, die Sprachen zu bereichern, die die Menschen verwenden, und mit dem Mittel der Übersetzung ihren Dialog zu fördern. Man stelle sich vor, dass alle Bücher, die in afrikanischen Sprachen geschrieben werden und selbst die, die von kontinentalen oder in der Diaspora lebenden Afrikaner*innen in irgendeiner Sprache verfasst werden, in jeder afrikanischen Sprache verfügbar wären. Würde das nicht ein Gefühl des gemeinsamen Erbes und eine Grundlage für weitere intellektuelle Produktion schaffen? Würde sich eine inter-ethnische, inter-regionale Kontinentalsprache entwickeln (hoffentlich nicht auf dem Friedhof anderer Sprachen), wäre das ein Gewinn für Afrika und würde dem Austausch der afrikanischen Sprachen untereinander eine weitere Dimension hinzufügen.

Am wichtigsten jedoch ist die Ablehnung der Anschauung, dass ein vereintes Afrika eine Union afrikanischer Staatsoberhäupter sei. Sie muss durch die Idee und die Praxis einer Union der afrikanischen Völker abgelöst werden. Der Kampf und der Prozess, die Kontrolle über die menschlichen und natürlichen Ressourcen wiederzuerlangen, sind nicht allein Angelegenheit der Staatsoberhäupter, sondern aller afrikanischen Völker mit ihren unterschiedlichen Sprachen und Kulturen.

Stellten die Afrikaner*innen die Menschen in den Mittelpunkt, würden sie deutlich den Schaden erkennen, den koloniale Grenzziehungen anrichten, die die europäische Geistesgeschichte als Grundlage ihrer Definition des Nationalen aufrechterhält. Von diesem ›Bewusstsein der Völker‹ ausgehend, sollte Afrika sich die kolonialen Grenzen anschauen und andere Fragen aufwerfen. Dadurch kann es, was scheinbar eine Schwäche darstellt, in eine Stärke verwandeln. Afrika kann die Teilung der Völker mit derselben Sprache und Kultur, die durch verschiedene Grenzen voneinander getrennt sind, in seine Stärke umwandeln, indem es diese Völker zwar als geteilt aber doch als Gemeinschaft betrachtet.

In nahezu jedem afrikanischen Staat gibt es auf beiden Seiten der Grenze Menschen, die Sprache, Kultur und Geschichte miteinander teilen — man nennt sie Grenzgemeinschaften. Wären zum Beispiel Kenia, Äthiopien, Dschibuti und selbst Somalia in der Lage, das Volk der Somali als eine geteilte Gemeinschaft zu betrachten, dann wäre eine Union dieser Länder keine Union von kulturell Fremden. Die Ideen und die Werte einer geteilten Gemeinschaft werden zu Gliedern in einer Kette für die afrikanische Einheit vom Kap bis nach Kairo, von Somalia bis nach Liberia. Viele Grenzgemeinschaften haben einen gemeinsamen spirituellen Anführer und erkennen die kolonialen Grenzen in Wirklichkeit nicht an, die sie voneinander trennen. Mit ihren kulturellen Praktiken fechten sie die Heiligkeit des aus dem Kolonialismus abgeleiteten Nationalstaates an. Noch einmal: Sollte Afrika diese Gemeinschaften mit ihrer gemeinsamen spirituellen Autorität und Geschichte nicht zur Einigung nutzen, anstatt die Grenzüberschreitung zu kriminalisieren? Kurz gesagt: Afrika sollte sich einen im Innern grenzenlosen Kontinent denken — mit Ausnahme zu Zwecken der Verwaltung, der Produktion und der Verteilung von Dienstleistungen. Die Leitvision sollte sein, die Grenzen in Schnellstraßen für die Bewegung von Gütern, Dienstleistungen und Ideen zu verwandeln. Auf dem gesamten Kontinent. Dann werden die Visionen der Vorväter Früchte tragen, die den Kontinent als materielle und spirituelle Heimat für Afrikaner*innen auf dem Kontinent und außerhalb des Kontinents sahen.

IV

Ein grenzenloses Afrika — oder vielmehr: Ein Afrika, in dem sich die Nationalstaaten zu einem kontinentalen, föderativen Staat vereinen, kann nicht mit Gewalt erzwungen werden. Sein Entstehungsprozess bedarf wahrlich der Demokratie im Lincoln'schen Sinne als treibender Kraft. Die Alternative wäre rohe Gewalt, die nicht zu politischer Integration führte, sondern vielmehr zu einer Desintegration infolge von Grenzkriegen. Soll die kontinentale Einheit Wirklichkeit werden, muss sie vom Volk gewollt und freiwillig sein.

Afrika darf die Lincoln'sche Definition der Demokratie auch nicht mit dem verwechseln, was gegenwärtig im Westen, insbesondere in den USA, praktiziert wird. Dort ist sie zu einer Milliardärsdemokratie geworden, zu einer Milliardokratie oder einer Dollarkratie. Eine solche Demokratie ist im Westen zu einem alle vier oder fünf Jahre stattfindenden monetokratischen Ritual verkommen. In einer vom Volk getragenen Demokratie sollte es darum gehen, welche Gesellschaft die Menschen errichten wollen und nicht darum, die Menschen alle vier oder fünf Jahre zur Wahl zu bringen, damit sie zwischen verschiedenen Monetokraten wählen. Wahlen sind natürlich wichtig, sollten aber Bestandteil des allgemeinen Strebens nach einer gerechten Gesellschaft sein.

In diesem Sinne hat die demokratische Tradition des Westens immer, vom alten Griechenland bis zu den heutigen USA, an einem wesentlichen Mangel gelitten. Die griechische Demokratie basierte auf der Teilung der Gesellschaft in freie Männer, Frauen und Sklav*innen. Demokratie war für die freien Bürger da. Die Demokratie, wie sie von den Kolonialmächten ausgeübt wurde, setzte auf Freiheit zuhause und koloniale Sklaverei im Ausland. Das ist noch immer der Fall. Die herrschenden Kräfte geben sich auch mit Hilfe von Täuschung alle Mühe, sicherzustellen, dass ihre Bevölkerung mit der Politik übereinstimmt, die sie zuhause und im Ausland betreiben will. Gleichzeitig zeigen sie sich mit ausländischen Regierungen ungeduldig, die sich weigern, die Wünsche ihrer Menschen zu unterlaufen und sich dadurch den Wünschen des Westens verweigern.

Auf den neokolonialen Rahmenbedingungen können weder Fundament noch Eckpfeiler für die afrikanische Einheit errichtet werden. Ein solches Fundament kann nur aus beständigem Anti-Neokolonialismus und einer vom Volk getragenen Demokratie gebildet werden. Tatsächlich mag die vom Volk getragene Demokratie im Widerspruch zur repräsentativen Demokratie stehen, die oftmals bedeutet, dass die Menschen passiv zusehen müssen, wie ihre Repräsentant*innen im Parlament in ihrem Namen Macht ausüben. Demokratie muss tägliche Rechenschaftspflicht bedeuten und nicht das vierjährliche Kleingeldzählen zum Stimmenkauf.

Bei der Ausübung der Demokratie könnte Afrika erneut ein paar Lektionen von den eigenen präkolonialen Institutionen lernen. Die beiden in Afrika vorherrschenden Gesellschaftstypen, der eine ohne zentralisierte Autorität und der andere mit zentralisierter Autorität in Gestalt des Chiefs, setzten Formen der partizipatorischen Demokratie voraus. Kenyatta beschreibt in seinem Buch *Facing Mount Kenya* (1938) einen solchen partizipatorischen Prozess bei den Gĩkũyũ in Kenia. Was an diesem, von Kenyatta gezeichneten Bild auffällt, ist die Praxis der Selbst-Organisation in allen Bereichen der Gesellschaft. Selbst die jungen Menschen verfügten über ihre eigenen Räte und lernten darüber Führerschaft als Bestandteil ihres Alltags kennen. Das steht in starkem Gegensatz zur Praxis im kolonialen und postkolonialen Staat, für den organisierte Menschen Staatsfeinde sind. Wie oft haben wir erlebt, dass Jugendorganisationen verboten wurden und die Polizei die Jugendlichen durch die Straßen der großen und kleinen Städte jagte? Es könnte sein, dass Afrika eine Kombination aus partizipatorischer und repräsentativer Demokratiepraxis als Mittel zur Ausübung und Verwirklichung der Träume von einer schöpferischen afrikanischen Einheit braucht.

Doch noch vor einer politischen Union muss Afrika den Prozess der Verflechtung von Wirtschaft und Kommunikation beginnen und einen all-afrikanischen gemeinsamen Markt schaffen. Modelle dafür gibt es bereits. Das beste Modell ist die East African Community, in der einst Kenia, Uganda und Tansania eine Reihe von Dienstleistungen teilten, einschließlich einer gemeinsamen Währung (bevor ein kolonisierter Nationalstaatlichkeitswahn diese hämisch zerbrach). Ein solcher gemeinsamer Markt kann jedoch nur Bestand haben, wenn er mit einer politischen Union einhergeht. Eine politische Union des Kontinents wird die wirtschaftliche Integration beschleunigen. Ein wirtschaftlich und politisch geeintes Afrika wird sich zudem in einer besseren Position befinden, andere Kräfte in der Welt für den Kampf um eine gerechtere Weltgemeinschaft zu mobilisieren. Wie immer der Weg zu einer kontinentalen Identität aussehen mag, er beruht auf dem ernsthaften Hinterfragen und der Ablehnung der heiligen kolonialen Grenzen.

Das bedeutet nichts weniger als einen Aufruf zur Entkolonisierung der Wirtschaft, Politik und Kultur Afrikas in ihrer Verschiedenheit mit dem Ziel, für Afrika einen Neuanfang zu schaffen. Doch das wird kein Spaziergang. Die Kräfte der globalen Reaktion werden weiterhin versuchen, zu teilen und zu herrschen. Afrika muss dieser Reaktion um des eigenen Seins willen in einer sich schnell globalisierenden Welt mit vorausschauendem Handeln begegnen.

Einige Zyniker*innen, in selbstverstümmelndem Zweifel geschult, werden in so einem Aufruf den Traum des Unmöglichen sehen wollen. Doch haben Träume immer Bilder des ideal Möglichen gezeichnet. In der Fantasie zeichnen wir die Umrisse einer Zukunft und versuchen dann, sie Wirklichkeit werden zu lassen. In der Zeit, als einige Menschen begannen, sich das Fliegen vorzustellen, wurden sie als unrealistische Träumer*innen abgetan. Sie aber träumten und versuchten es weiter. Während der Plantagensklaverei wurden diejenigen, die von Freiheit sprachen, als Träumer*innen betrachtet. Doch sie hörten nicht auf zu träumen und versuchten, die Freiheit Wirklichkeit werden zu lassen. Dasselbe trifft auf die Träumer*innen des antikolonialen Widerstands zu, die nicht aufhörten, sich ihren Sieg vorzustellen und auf ihn hinzuarbeiten. Unsere heutige Welt schuldet denen eine Menge, die zu träumen wagten.

Schon lange habe ich dafür plädiert, das Zentrum von einer Handvoll europäischer Nationen weg und hin zu den marginalisierten Nationen zu verlagern und dann Bedingungen für einen gesunden Dialog und gleichberechtigten Austausch unter ihnen allen zu schaffen.[23] Auch wenn sich dies hauptsächlich auf den linguistischen und kulturellen Bereich bezog, galt mein Anliegen der Gesamtheit einer Gemeinschaft — der wirtschaftlichen, politischen, kulturellen und psychischen Ebene. Diese Gesamtheit kann nie etwas anderes sein, als das,

[redacted]

23 Ngũgĩ wa Thiong'o: *Moving the Centre. Essays über die Befreiung afrikanischer Kulturen*, Ü. J. Rademacher, Münster: Unrast, 2017, OT: *Moving the Centre: The Struggle for Cultural Freedom*, Oxford: James Currey/Nairobi: EAP, 1993,

was im Volk verwurzelt ist, und das ist nicht die Mittelklasse, die ein ›Wir sind das Volk‹ vor sich herträgt und sich selbst buchstäblich an die Stelle des Volkes setzt. Ich sehe sie als aufeinander bezogene Elemente eines komplexen Systems, das wir als menschliche Gesellschaft bezeichnen und das im Widerspruch zu gegenwärtigen Formen der Globalisierung steht, die oftmals die Aneignung aller anderen Zentren und ihrer Ressourcen zum Dienst an einem ›Superzentrum‹ meint.

Kurz gefasst: Wir sollten zwischen Globalisierung und Globalismus unterscheiden. Das eine ist der Prozess, in dessen Verlauf die Welt sich dem Finanzkapital grenzenlos öffnet; das andere meint den Prozess, die Welt für die Menschen grenzenlos zu machen. Der sichtbare Erfolg der Globalisierung besteht in einer aalglatten Mittelklasse; der des Globalismus in erfolgreich schöpferischen Menschen, deren gemeinsame Menschlichkeit sich in vielfarbigen Verschiedenheiten ausdrückt.

Der beste Rat für ein Afrika, das seinen Platz in der Welt finden möchte, kommt immer noch von Fanon in seinem Schlusswort zu *Die Verdammten dieser Erde*. Dort weist er das europäische Modell zurück, weil er in dessen Geschichte eine Abfolge von Morden und der Negation des Menschlichen erkennt. Er drängt die Kräfte des fortschrittlichen Wandels dazu, Europa nicht die Ehre zu erweisen, Staaten, Institutionen und Gesellschaften zu schaffen, die ihre Inspiration aus Europa beziehen. Und er schlussfolgert, dass, sollte Afrika ein neues Europa werden wollen, »dann vertrauen wir die Geschicke unserer Länder lieber den Europäern an! Sie werden es besser machen als die Begabtesten unter uns.« Er lässt keinen Zweifel an dem schöpferischen Weg, dem zu folgen ist — und das ist keiner der geistlosen Nachahmung: »Entschließen wir uns, Europa nicht zu imitieren. Spannen wir unsere Muskeln und Gehirne für einen neuen Kurs an. Versuchen wir, den totalen Menschen zu erfinden, den zum Siege zu führen Europa unfähig war.«[24]

Das gegenwärtige Europa und der übrige Westen sind kein Ideal, nach dem man streben sollte, sondern Abbild des Versagens

[redacted]

24 Fanon: a. a. O., S. 264/266

einer Vision, aus dem man etwas lernen sollte. Hoffentlich ist diese Lektion dergestalt, dass sie den fortwährenden, vom Volk getragenen gesellschaftlichen Kampf intensiviert und zu einer großen Allianz der Weltmacht des Volkes führt. Dann wird Afrika seine wahre Identität finden, weil es zu einem gemeinsamen, weltumspannenden menschlichen Unternehmen gleichberechtigt beiträgt und gewinnt.

Neue Grenzen des Wissens

Die Herausforderungen an panafrikanische Geisteswissenschaftler*innen

Trotzig schrieb ich 1978 meinen Kerkermeistern, als ich wegen einer künstlerischen Arbeit, die ich in einer afrikanischen Sprache verfasst hatte, in Kenia in einem Hochsicherheitsgefängnis eingesperrt war. Und ich beharrte darauf, dass afrikanische Intellektuelle für ihre Sprachen und Kulturen einstehen müssen, wie das alle anderen Intellektuellen in der Geschichte für die ihren getan haben. Noch immer ist das die große Herausforderung in unserer Geschichte als afrikanische Geisteswissenschaftler*innen und Lehrende.

Trotz der riesigen natürlichen und menschlichen Ressourcen, ja, trotz der Tatsache, dass Afrika immer — wenn auch nicht freiwillig — Ressourcen zur Verfügung gestellt hat, die die kapitalistische Moderne zu ihrem gegenwärtigen Stand der Globalisierung vorantrugen, wird Afrika ungerecht behandelt. Das ist in den Bereichen der wirtschaftlichen und politischen Macht ganz offensichtlich. Es spiegelt sich gleichermaßen in der Produktion und Konsumtion von Information und Wissen wider. Wie in Wirtschaft und Politik ist Afrika auch Akteur bei der Schaffung von Wissen. Die Zahl der Universitäten und Forschungszentren ist gestiegen. Sie haben oft trotz schrumpfender Ressourcen in sämtlichen Bereichen große afrikanische Gelehrte hervorgebracht, die Wissen geschaffen haben — mit dem Ergebnis, dass brillante Söhne und Töchter Afrikas an allen Universitäten der Welt zu finden sind. Ein Beweis dessen ist die Gruppierung von Denker*innen und Forscher*innen um CODESRIA. Weshalb also schneidet Afrika trotzdem bei der Nutzung von Wissen, das seine Söhne und Töchter produziert haben, so schlecht ab?

Die Gründer*innen von CODESRIA ließen sich 1973 von dem edlen Gedanken leiten, dass die Entwicklung wissenschaftlicher Kapazitäten und Mittel den Zusammenhalt, das Wohlergehen und die Entwicklung afrikanischer Gesellschaften befördere. Den visionären Gründer*innen war völlig klar, dass ihr Gremium nur dann als bedeutsam angesehen werde, wenn man eine bewusste Anstrengung unternehme, eine panafrikanische Gemeinschaft von intellektuell Schaffenden zu bilden. Sie sollten auf dem Kontinent tätig und ihm eng verbunden sein, wobei auf dem Engagement für diese Verbindung der Schwerpunkt lag.

Die Frage ist aber, ob afrikanische Intellektuelle und ihr Schaffen tatsächlich mit dem Kontinent verbunden sind. Selbst ein flüchtiger Blick auf die Situation macht deutlich, dass es eine Diskrepanz zwischen Qualität und Quantität des Schaffens von Wissen, wie es von CODESRIA beispielhaft verkörpert wird, und der Qualität wie der Quantität seiner Nutzung durch die allgemeine Bevölkerung gibt. Für uns war es lediglich etwas Trickle-down-Wissen, eine Variation der Trickle-down-Ökonomie, ein Kennzeichen der kapitalistischen Moderne, die sich vor allem in ihrer kolonialen Ausprägung widerspiegelte.

Da unser eigentliches Mandat als afrikanische Wissensproduzent*innen darin besteht, eine Bindung an den Kontinent herzustellen, obliegt es uns, unser gesamtes koloniales Erbe beständig aufs Neue zu prüfen, und das schließt die Theorie und Praxis des Trickle-down-Wissens ein. Das heißt in der Tat, dass wir beständig unsere Beziehung zur europäischen Geistesgeschichte bei der Organisation von Wissen überprüfen müssen.

In meinem Buch *Something Torn and New* (2009) habe ich ausführlich und eingehend beschrieben, wie Europa sein Denken der afrikanischen Landschaft (oder wo auch immer es in der Welt aktiv war) aufgedrückt hat, wie es das Land kartographierte, vermaß und anschließend mit dem Anspruch der Entdeckung und des Besitzes mit Namen versah. Diese Besitznahme wurde auf den afrikanischen Körper ausgedehnt: Das westliche Christentum wurde zum riesigen Umbenennungsritual, wie es die Horrorszene in Sembène Ousmanes[G] Film *Ceddo* (1977) zeigt, in der Besitz und Identität mit heißem Eisen in den Körper des Versklavten eingebrannt werden. Der Körper wird zum Buch, zum Pergament, auf dem Besitz und Identität für immer verzeichnet sind.

Am unbarmherzigsten aber war die Brandmarkung des Intellekts durch die Sprache. Die Sprache ist ein Mittel zur Organisation und Wahrnehmung der Wirklichkeit; sie ist außerdem eine Schatzkammer für das kulturelle Gedächtnis, das durch den Austausch zwischen Mensch und der natürlichen wie der gesellschaftlichen Umwelt geschaffen wird. Jede Sprache, wie klein sie auch immer ist, trägt ihr ureigenes Gedächtnis der Welt in sich. Die Unterdrückung und Herabwürdigung der Sprachen der Kolonisierten marginalisierte dieses Gedächtnis, das sie in sich trugen, und erhöhte gleichzeitig das Gedächtnis in die Allgemeingültigkeit, das der Sprache des Eroberers innewohnte.

Das schließt offensichtlich die Erhöhung der dieser Sprache innewohnenden Wahrnehmung der Welt ein, einschließlich der Wahrnehmung des Selbst und des Anderen.

Die Beziehung zwischen Prospero und Caliban in Shakespeares *Der Sturm* (1616) erhellt, auf welche Art und Weise koloniales Wissen und koloniale Wissenschaft entstanden. Zu Anfang ist es der eingeborene Informant, der alles über die unmittelbare Umgebung weiß und auch die Stellen kennt, an denen Wasser und Hilfsmittel zum Überleben zu finden sind. Der eingeborene Informant ist es, der sein lokales Wissen mit dem kolonialen Intellektuellen teilt, der in Gestalt eines Forschers oder Verwalters auftritt und dieses Wissen in seiner Sprache umcodiert. Historisch erleben wir eben diesen Prozess in der Begegnung zwischen Christoph Kolumbus und der karibischen Welt, die er für die indische hält. Kolumbus‹ Logbuch gehört zu den frühesten Zeugnissen einer langen Reihe anderer intellektueller Diener der kapitalistischen Modernität, die Landschaften neu benannten. Nachdem er sich sentimental über die Schönheit der karibischen Inseln und den großzügigen Empfang durch die indigene Bevölkerung ausgelassen hat, ergreift Kolumbus anschließend einige Einheimische, »damit sie lernen und mir Informationen geben können, was es in diesen Teilen der Welt gibt ... Ich werde sie mit mir nehmen.«[1] Lernen, oder sollte man besser Bildung sagen, ist an Gefangennahme und Versklavung gebunden. Es ist anzunehmen, dass das, was Kolumbus von den gebildeten Gefangenen gelernt hat, in seiner europäischen Sprache — in diesem Fall der portugiesischen — codiert ist und zur Primärquelle für künftige Gelehrte und Forscher*innen wird, wobei die ursprünglichen Aussagen durch die Übersetzung verlorengegangen sind. Dieses Muster der von außen Kommenden, die in etwas hineinsehen, setzt sich bis in die moderne Welt

[redacted]

1 Zitiert in: Bronwyn Mills: *Carribean Cartographies: Maps, Cosmograms, and the Carribean Imagination*, unveröffentlichte Doktorarbeit, Department of Comparative Literature, New York University, New York, 2004, ohne Seitenangaben

der Gelehrten fort, in der die Gelehrten mit Hilfe einheimischer Informant*innen oder Forschungsassistent*innen Aussagen aufzeichnen, die ihnen ins, sagen wir, Englische übersetzt worden sind. Diese Notizen werden zu Primärdaten und der ursprüngliche Text in der Originalsprache geht für immer verloren. Was nun von außen Kommende aus ihrer Erinnerung über einen Ort äußern, wird zur Primärquelle nachfolgender Ergänzungen zum Wissen über diesen Ort.

Ich möchte behaupten, dass unsere Kenntnisse über Afrika auf verschiedenen Gebieten in vielfältiger Weise in dieser kolonialen Tradition der von außen Kommenden stehen, die etwas betrachten, mit Hilfe einheimischer Informant*innen Wissen akkumulieren und das Endprodukt anschließend in einer europäischen Sprache ablegen, damit diejenigen, die dieser Sprache mächtig sind, es konsumieren können. Die Anthropologie, das Studium des Inneren vom Außen her zum Nutzen derer, die über dieselbe Kultur verfügen wie der*die Anthropolog*in, durchzieht die Genealogie der europäischen Afrikastudien. Wir, die Erb*innen und Träger*innen dieser Tradition, ›anthropologisieren‹ Afrika auf vielfältige Weise, vor allem in den Methoden. Wir sammeln intellektuelle Objekte und lagern sie in den europäischsprachigen Museen und Archiven. Die globale Sichtbarkeit Afrikas durch die europäischen Sprachen hat zur Unsichtbarkeit Afrikas in den afrikanischen Sprachen geführt. Unser Wissen über Afrika ist größtenteils durch die europäischen Sprachen und ihr Vokabular gefiltert.

Natürlich werden einige dagegenhalten, dass afrikanische Sprachen nicht dazu in der Lage seien, die Komplexität des gesellschaftlichen Denkens auszudrücken, oder dass sie nicht über ein adäquates Vokabular verfügen, um die Konzepte der westlichen Rationalität in sich aufzunehmen. Diesem Einwand wurde bereits vor langer Zeit von Cheikh Anta Diop, einem der klügsten Intellektuellen Afrikas, begegnet, als er dagegenhielt, dass keine Sprache über das Monopol auf ein kognitives Vokabular verfüge, dass jede Sprache ihre Begriffe für Wissenschaft und Technik entwickeln könne. Diese Position wird auch von zeitgenössischen Denkern wie Kwesi Kwaa Prah vertreten. Er ist Direktor des Centre for Advanced Studies of African Society (CASAS) im südafrikanischen Kapstadt, das so viel für die Verwendung afrikanischer

Sprachen in allen Bereichen der Bildung und der Wissenschaft leistet. Ähnlich ausgerichtet ist das African Centre for Advanced Studies in Porto Novo in Benin mit dem Philosophen Paulin Hountondji[G] an der Spitze, das darauf abzielt, die afrikanischen Sprachen als Medien afrikanischen wissenschaftlichen Denkens zu fördern.

Auch der verstorbene Neville Alexander[G] aus Kapstadt, der dem Komitee vorstand, das die höchst aufgeklärte südafrikanische Sprachenpolitik ausarbeitete, und Kwesi Wiredu[G], der bereits vor langer Zeit die afrikanischen Philosophen aufforderte, sich ihren Themen in afrikanischen Sprachen zu nähern, gehören dazu. Diese Fürsprache hat eine lange Geschichte, die bis zu den Intellektuellen der Xhosa im ausgehenden neunzehnten Jahrhundert zurückreicht und sich in den 1940er Jahren bei den Zulu-Intellektuellen fortsetzte.

Diese Intellektuellen haben versucht, die Behauptung zu widerlegen, die afrikanischen Sprachen seien wegen ihrer Wörter und Begriffe für abstraktes oder wissenschaftliches Denken nicht geeignet. Die fortdauernd in afrikanischen Sprachen betriebene äthiopische Wissenschaft straft die negativen Behauptungen faktisch Lügen. Man sollte zudem nicht vergessen, dass selbst das moderne Englisch oder Französisch ähnliche Behauptungen einer Unzulänglichkeit als Medium für philosophisches und naturwissenschaftliches Denken zu überwinden hatten, und zwar gegen das dominante Latein. Diese Sprachen brauchten den Mut ihrer Intellektuellen, um sich aus der Dominanz des lateinischen Denkens zu befreien. In der Einleitung zu seinem Buch *Discourse de la méthode* (1673) verteidigt René Descartes seine Verwendung der Volkssprache für das philosophische Denken gegen ähnliche Vorwürfe der Unzulänglichkeit des Französischen.

Die afrikanischen Sprachen bedürfen eines gleichen Engagements der afrikanischen Intellektuellen. Es braucht nur Mut und harte Arbeit, wie der Fall von Dr. Gatua wa Mbugua beweist. Im Mai 2003 stellte Mbugua, Absolvent der Cornell University, Ithaca, New York, seine Masterarbeit über ökologische Landwirtschaft, die er auf Gĩkũyũ geschrieben hatte, am Department of Crop Science vor und verteidigte sie erfolgreich. Für Mbugua bedeutete das Hingabe und sehr viel Arbeit, weil er eine englische Übersetzung seiner Arbeit *The Impact of Bio-*

intensive Cropping on Yields and Nutrient Contents of Collared Greens in Kenya anfertigen musste. Mbuga ging dann an die University of Wyoming und forschte im zentralen Hochland dieses Gebietes. Seine Daten erfasste er auf Gĩkũyũ. Später verteidigte er erfolgreich seine Dissertation, die er ebenfalls auf Gĩkũyũ geschrieben hatte, bevor er selbst sie für seine Lehrer übersetzte, die den wissenschaftlichen Gehalt zu bewerten hatten und kein Gĩkũyũ konnten. Nach meiner Kenntnis stellt Mbuguas Arbeit die erste naturwissenschaftliche Arbeit auf Gĩkũyũ an einer Universität innerhalb und außerhalb Afrikas dar. Es gab keine Tradition, auf die er sich beziehen konnte, nicht einmal ein gefestigtes naturwissenschaftliches Vokabular, doch das schreckte ihn nicht ab.

An dieser Stelle kommen die Zyniker*innen ins Spiel, die darauf mit der Frage antworten: ›Ja, und? Das Gĩkũyũ vermag kein schriftlich fixiertes intellektuelles Schaffen nachhaltig zu tragen.‹ Das Volk der Gĩkũyũ zählt ungefähr sechs Millionen Menschen, das der Dänen fünf Millionen. Die auf Gĩkũyũ geschriebenen und veröffentlichten Bücher füllen nicht einmal ein Regal; Bücher hingegen, die auf Dänisch geschrieben und veröffentlicht wurden, gehen in die Tausende, und die Regale vieler Bibliotheken biegen sich unter ihrer Last. Das Volk der Yoruba zählt vierzig Millionen Menschen; das der Schweden nur neun Millionen. Die intellektuelle Produktion in den beiden Sprachen klafft weit auseinander. Wie kommt es, dass vierzig Millionen Afrikaner*innen eine solche Produktion nicht erreichen können, neun Millionen Schwed*innen hingegen schon? Das intellektuelle Schaffen der gerade einmal 300.000 Isländer*innen ist eines der produktivsten Europas. Was die kaum über eine Viertelmillion zählenden Isländer*innen können, dazu sollten sechs Millionen Gĩkũyũ ebenfalls in der Lage sein. Wir reden von intellektuellem Erbe auf Griechisch und Latein und vergessen dabei, dass es seinen Ursprung in Stadtstaaten hatte. Die gerühmte italienische Renaissance und ihr reiches und vielfältiges Erbe in den Künsten, der Architektur und der Wissenschaft hatte in den verschiedenen Regionen Italiens ihren Ursprung — in Rom, Florenz, Mantua, Venedig und Genua. Was die Volkssprachen dieser kleinen Stadtstaaten, Fürstentümer und Regionen mit ihrem intellektuellen Schaffen erreichten, kann jede andere Sprache in ähnlicher Situation leisten.

Eine Frage bleibt: Welche Stellung nähmen dann die europäischen Sprachen in der Wissenschaft ein? Wir benutzen sie, weil wir alle sie lernen mussten — ihnen ist nichts Globales und Universales eigen; sie sind einfach die Sprachen der Macht. Ungeachtet dessen, was wir von dem historischen Prozess halten, in dessen Verlauf sie den heutigen Platz in unserem Leben einnahmen, ist es eine Tatsache, dass das Englische und das Französische die Existenz Afrikas international sichtbar gemacht haben. Allerdings haben sie das dadurch erreicht, dass sie die Intellektuellen ihrer sprachlichen und kulturellen Basis entwurzelten. Sie haben die Afrikaner*innen lediglich dazu gebracht, innerhalb der europäischen Geistesgeschichte zu operieren. In den europäischen Sprachen ist sehr viel vom Besten gespeichert, das Afrika allgemein und in der Literatur zu bieten hat. Sie sind Kornkammern des afrikanischen intellektuellen Schaffens, und dieses Schaffen als Ganzes stellt den Grundstock eines gemeinsamen panafrikanischen gesellschaftlichen Besitzes dar. Damit ist die Mission, die wir dem Französischen und dem Englischen zuweisen sollten, tatsächlich am besten umrissen: Verwenden wir die europäischen Sprachen, um einen Dialog zwischen den afrikanischen Sprachen und ihre Sichtbarkeit in der Gemeinschaft der Sprachen der Welt zu ermöglichen. Machen wir sie nicht zu einem Werkzeug, das die afrikanischen Sprachen lähmt, weil es die Intellektuellen entwurzelt und ihr Schaffen von ihrer ursprünglichen Sprachbasis trennt. Kurz gesagt: Verwenden wir das Englische und das Französische, um zu ermöglichen und nicht um zu lähmen.

Das also ist die Herausforderung, vor der die Geisteswissenschaften in Afrika heute stehen: Wie verbinden wir uns im Zeitalter der Globalisierung am besten mit dem afrikanischen Kontinent? Wie schaffen und stärken wir eine gemeinsame afrikanische Basis, von der aus wir uns mit der Welt beschäftigen? Die Antwort lautet mit Sicherheit: über die wirtschaftliche, politische und kulturelle Einheit Afrikas. Während die politische Einheit wie die wirtschaftliche Integration im Bereich der von der politischen Führung zu treffenden Entscheidungen liegt, sind die afrikanischen Intellektuellen durch ihren Auftrag gebunden, eine gemeinsame intellektuelle Basis für diese Einheit zu schaffen. Wir brauchen eine große Zahl von Intellektuellen, die in den gemeinsamen Volkssprachen verwurzelt sind und das Vorhaben einer afrikanischen Einheit, die wahrhaft auf dem Volk beruht, ausdiskutieren, rational erklären, popularisieren und zum Gemeingut machen.

Wir können es uns nicht leisten, in unserem ureigenen Land intellektuelle Außenseiter*innen zu sein. Wir müssen uns wieder mit den vergrabenen Schätzen des kulturellen Gedächtnisses Afrikas vereinen — das die Grundlage dafür werden muss, das afrikanische Erbe neu auf den afrikanischen Kontinent zu bringen und in die Welt zu tragen. Das wiederum kann nur in die Stärkung der afrikanischen Sprachen und Kulturen münden und sie zu Säulen eines selbstbewussten Afrikas machen, das dazu bereit ist, sich mit der Welt auseinanderzusetzen — in einem Geben und Nehmen und auf der Grundlage seines afrikanischen Gedächtnisses.

Pracht durch Elend

Die globale Verantwortung für den Schutz der Menschheit

Die Worte »Responsibility to Protect« (Die Pflicht zu schützen) erinnern mich schmerzhaft an den mangelhaften Schutz für die vielen Menschen, die 2007 während der ethnischen Auseinandersetzungen nach den umstrittenen Präsidentschaftswahlen in Kenia ums Leben kamen. Der Charakter dieser grauenvollen Szenen spiegelt sich in der Geschichte eines Kindes wider, das aus den Flammen einer in Brand gesetzten Kirche floh, in der es mit seinen Eltern Zuflucht gesucht hatte, aber wieder eingefangen und zurück in die Flammen geworfen wurde. In der vorkolonialen Zeit bestanden selbst in einem Krieg zwischen benachbarten Gemeinschaften Regeln, die Frauen und Kinder schützten. Die Fragen, die die Überlebenden stellten, drückten Erschütterung und Verständnislosigkeit aus: Sie waren unsere Nachbar*innen, unsere Kinder spielten miteinander, wie konnten sie uns das antun?

Damit war die Bühne für Gegenschläge ethnischer Säuberungen bereitet, wobei die Opfer der neuen Welle der Gewalt lediglich durch ihre ethnische Zugehörigkeit mit den ursprünglichen Tätern verbunden waren. Einfache, arbeitende Menschen, oftmals durch ihre Armut vereint, wurden von einer politischen Elite der Mittelklasse aufeinandergehetzt, die den Horror aus der Sicherheit ihrer Stadtpaläste und Cocktailrunden fernsteuerte. Der Staat schien unfähig, die Situation unter Kontrolle zu bringen. Er versagte zu handeln. Er ließ die Nation im Stich.

Im fernen Kalifornien fühlte ich mich vor Hilflosigkeit wie gelähmt, und diese Hilflosigkeit muss für die Menschen im Land noch um ein Vielfaches größer gewesen sein. Als die BBC[G] mich um eine Stellungnahme bat, konnte ich nur an die Vereinten Nationen als Gremium denken, das intervenieren, ermitteln und hoffentlich diejenigen zur Verantwortung ziehen konnte, die diesen Krieg der Armen gegen die Armen angezettelt hatten. Wie sich herausstellte, waren es die Bemühungen der Vereinten Nationen, die über ihren Vermittler Kofi Annan dazu beitrugen, zu guter Letzt das Feuer zu löschen, den Strom des Blutes zu stoppen und einem unsicheren Frieden Raum zu schaffen, der schließlich zum Gemischtwarenladen einer Koalitionsregierung führte.

Dennoch war mir klar, dass das, was in meinem geliebten Kenia geschah, sich bereits in Ruanda, Bosnien, dem Irak vollzogen hatte und Präzedenzfälle in den Zeiten der Sklaverei und des Kolonialismus besaß, was mich wiederum an *Julius Cäsar* (1599) erinnerte. In dem Stück stellen die Mörder, nachdem sie im Blut ihrer Opfer gebadet haben, die Frage:

> »In wie entfernter Zeit /
> wird man dies hohe Schauspiel wiederholen, /
> in neuen Zungen und mit fremdem Pomp!«[1]

Genau, wie oft! Der sehr eindrückliche Bericht des Generalsekretärs der Vereinten Nationen über die Durchsetzung der Pflicht zu schützen, die sich aus der durchdachten Deklaration des Gipfels der Vereinten Nationen im Jahr 2005 ableitet, sollte eine ausgezeichnete Grundlage für eine Antwort auf die Frage bei Shakespeare darstellen. Denn selbst ein einziges weiteres Mal ist ein Mal zu viel, egal, an welchem Ort auf der Welt. Es ist Zeit, dass die Menschheit von den Geißeln des Genozids, der Kriegsverbrechen, der ethnischen Säuberungen und allen Verbrechen gegen die Menschlichkeit befreit wird.

Das Ideal verlangt nach seiner Umsetzung. Der Teufel liegt jedoch im Detail, und das bezieht sich auf die Definition, die Geschichte und die gegenwärtige globale Situation. Begriffe wie ›internationale Gemeinschaft‹ sind oftmals zu eng gefasst worden und erwecken den Anschein, als sei der Westen der Türhüter, der darüber bestimme, wer eingelassen werde oder, noch enger gefasst, als ob Nordamerika und Westeuropa allein die internationale Gemeinschaft bildeten. Die Hervorhebung der Vereinten Nationen ist durchaus richtig; doch sollte darauf hingewiesen werden, dass sie mitunter, vor allem mit dem Segen des Sicherheitsrates, als Deckmantel benutzt wurden, um Invasionen zu legitimieren und Regime zu stürzen, die der Westen als seinen Interessen abträglich verdammt hatte. In Afrika wurde Patrice Lumumba aus dem

[redacted]

1 William Shakespeare: *Julius Cäsar*, Ü: A. W. Schlegel, in: Sämtliche Werke, Berlin und Weimar: Aufbau-Verlag, 1975, S. 221

Kongo brutal ermordet, und die von ihm eingeladenen Streitkräfte der Vereinten Nationen schauten weg.

Europa ist im Sicherheitsrat überproportional stark vertreten, während Afrika, ein ganzer Kontinent, überhaupt kein Vetorecht besitzt. Es bedarf von allen Nationen, kleinen wie großen, ein Maß an Demut. Eine Päpstlicher-als-der-Papst-Einstellung wird nicht ausreichen, weil uns die Historie der Moderne eine kompliziertere Geschichte erzählt. Die schlimmsten Beispiele für Völkermord und mutwillige Massaker an anderen Völkern kennen wir aus Europa. Der Hitlerismus stellt keinen Einzelfall in der europäischen Geschichte der Beziehungen zu anderen Völkern dar. Die militärischen und zivilen Helfer*innen Hitlers stehen — trotz mancher Unterschiede — in einer Kontinuität des Denkens, die bis zu dem Massaker und den medizinischen Experimenten am Volk der Herero in Namibia reicht. In der Vergangenheit war jedwede kolonisierende Nation in Verbrechen gegen die Menschlichkeit verwickelt. Der Sklavenhandel und die Plantagensklaverei sind offensichtliche Beispiele dafür. In Afrika, Amerika und Australien wurden indigene Bevölkerungen dezimiert, von Europa vertrieben.[2] In Kenia, meinem Heimatland, steckten die Brit*innen in ihrem Krieg gegen die von der Mau-Mau geführte antikoloniale Bewegung Tausende in Konzentrationslager und -dörfer. Es war fast, als beherzigten sie, was Hitler lehrte. Es geht nicht darum, nur immer wieder das Gestern heranzuziehen. Doch kann die Vergangenheit uns alle etwas lehren. Noch lange wird der Schrecken in Ruanda unsere Erinnerung heimsuchen und nicht weniger schrecklich sein, nur weil der belgische König Leopold II. im ausgehenden neunzehnten Jahrhundert eine Million Menschen auslöschte und verkrüppelte. Alles wegen des Kautschuks und der belgischen Banken. Das von den USA unterstützte Europa kann nicht gleichzeitig Richter, Geschworener und Scharfrichter sein. Viele Krisenherde heutiger Tage sind mehr oder weniger unmittelbares Ergebnis der Kolonialgeschichte

2 Siehe zum Beispiel David Stannard: *American Holocaust: The Conquest of the New World*, Oxford: OUP, 1992

des Teilens, Plünderns und Mordens. Die meisten der monströsen Diktatoren Afrikas gingen aus den Militärakademien der westlichen Welt hervor, in denen sie in einer kolonialen Praxis geschult wurden, die auf der angeblichen Un-Menschlichkeit der Kolonisierten beruhte.

Das angeführte Dokument der Vereinten Nationen fordert zu Recht eine frühzeitige und entschlossene Reaktion. Gleichzeitig aber sollte ein integraler Bestandteil der Pflicht zu schützen darin bestehen, Bedingungen zu schaffen, die solche Interventionen überflüssig machen. Deshalb schlägt das Dokument in der Anlage völlig zu Recht Frühwarnung und Bewertung vor. Diese aber sollten nicht mit subjektivem Blick betrachtet werden. Eine durch nationale und imperiale Interessen getrübte Subjektivität könnte Vorbeugung mit Bevormundung verwechseln. Eine bevormundete Demokratie ist keine Demokratie. So kann das Subjektive, im Eigeninteresse befangen, den klaren Blick auf die frühen Warnzeichen verhindern. Eines befindet sich direkt vor unseren Augen — es besteht in der Wirtschaftswelt, in der wir heute leben.

In der heutigen Welt gibt es zwei wesentliche Verwerfungslinien. Die eine zeigt sich in der Unterteilung der Welt in eine Minderheit sehr wohlhabender Nationen und eine Mehrheit sehr armer. Mit Blick auf Wohlstand und Macht wird der Abstand zwischen ihnen täglich größer. Die Ironie dabei besteht darin, dass die Nationen dieser Minderheit bis zu 90 Prozent der Ressourcen verbrauchen, die meist aus den armen Nationen kommen. Wann und wo immer die reichen Nationen von den Ressourcen der armen profitieren, stellt dies eine Hilfeleistung der armen Nationen für die reichen dar. Dieses Muster wiederholt sich auch im Inneren von Nationen, in denen einige Regionen wohlhabender sind als andere. Sie sind es deshalb geworden, weil sie andere Regionen ausgebeutet haben. So mag in einer Region Öl entdeckt werden, doch kann der Profit aus dessen Förderung an den Bewohner*innen des entsprechenden Gebietes vorbeifließen. Das ist die vertikale Verwerfungslinie zwischen den Nationen in der Welt und zwischen verschiedenen Regionen ein und desselben Staatsgebietes. Doch gibt es innerhalb aller Nationen (und sogar innerhalb einzelner Regionen) eine zweite Verwerfungslinie — eine horizontale — zwischen einer Minderheit der Besitzenden und der Mehrheit der Besitzlosen. Selbst in den wichtigsten Städten der Welt nimmt die Zahl der Bettler*innen und Obdachlosen zu. Aber auch hier ist die Minderheit der Besitzenden von der Mehrheit der Besitzlosen abhängig. Die dritte Gruppe, die der Gefängnisinsass*innen — und wahrscheinlich die am schnellsten wachsende Gruppe in allen Nationen — bleibt häufig dem Blick verborgen. In einigen Staaten sitzen über eine Million Menschen im Gefängnis. Das ist mehr als die Gesamtbevölkerung einer ganzen Reihe Mitgliedsstaaten der Vereinten Nationen. Man könnte also sagen, dass in der Welt heute ganze Nationen im Gefängnis sitzen, verborgen hinter der demokratischen Fassade vieler Länder. Diese zwei Unterteilungen von Wohlstand und Macht, zwischen Nationen und Regionen sowie innerhalb von Nationen und Regionen bilden die strukturelle Basis von Instabilität und der vielen Verbrechen, über die wir gegenwärtig reden.

In Ghana besuchte ich einmal das Cape Coast Castle, die ehemalige Sklavenfestung. Die Architektur hinterließ bei mir einen bleibenden Eindruck. Die oberen Geschosse dienten als Gouverneurspalast und Kapelle. Es gab reichlich Platz für einen Ballsaal und Hochzeitsempfänge. In den unteren Geschossen derselben Festung aber warteten die gefangenen Sklav*innen darauf, über den Atlantik nach Amerika verschifft zu werden. Palast und Kirche erhoben sich über der Gruft der Versklavten. Während also die versklavenden Wohlhabenden oben dankbar zum Allmächtigen sangen und später im Bett stöhnend der körperlichen Liebe frönten, stöhnten die Versklavten vor Pein und flehten um Erlösung. Die Lustschreie oben standen im Kontrast zu den Schmerzensschreien unten, sie existierten niemals unabhängig voneinander. Die Pracht oben wurde auf dem Elend errichtet, das unten herrschte. Der globale Palast heutiger Zeit ist auf einem globalen Gefängnis gebaut. Pracht durch Elend — darin liegt die Basis der globalen Instabilität.

Suchen wir also nach Langzeitlösungen, die Interventionen überflüssig machen, sollten wir gleichzeitig damit beginnen, die Idee von Entwicklung zu hinterfragen, die sich auf die Mittelklasse und die Schichten darüber konzentriert. Die Mittelklasse konstituiert keine Nation. Die Menschen sind es, die arbeitenden Menschen. Die Entwicklung einer Nation sollte demzufolge nicht aus der Sicht derjenigen auf dem Gipfel gemessen werden, sondern aus der Sicht derjenigen unten.

Auch die menschenverursachte Armut ist ein Verbrechen gegen die Menschlichkeit. Auch Umweltverbrechen, zumeist von den Industrienationen begangen — die Vergiftung des Wassers, die Verschmutzung der Luft, die globale Erwärmung, die Produktion und Verbreitung nuklearen Abfalls — sind Verbrechen an der Menschheit und der Menschlichkeit.

Erst wenn wir die beiden wesentlichen Teilungen zwischen Nationen/Regionen und innerhalb der Nationen/Regionen überwinden, können wir uns der strukturellen Grundlage der Verbrechen gegen die Menschlichkeit zuwenden. Deshalb glaube ich, dass die Weltgemeinschaft sich mit Hilfe gestärkter und demokratischer Vereinter Nationen und ihrer Organe der strukturell ungleichen Entwicklung widmen sollte, um damit einen integralen Teil der »Responsibility to Protect« durchzusetzen. Reißen wir den globalen Prachtbau ab, der auf der globalen Armut errichtet wurde, und legen wir das Fundament für eine neue Erde, eine neue Welt. Verabschieden wir uns von der globalen Philosophie der Pracht durch Elend.

Das Vermächtnis der Sklaverei

Als ich in meiner Harvard-Vorlesung 2006 zu einem Monat, einer Woche — ja, nur einem Tag — der gemeinsamen Trauer um die Millionen aufrief, deren Seelen noch immer nach angemessenen Bestattungs- und Trauerriten schreien, wusste ich noch nicht, dass andere ebenso dachten wie ich. Heute ist nicht der genaue Beginn eines Monats oder auch nur einer Woche der Trauer- und Erinnerungsrituale, aber ich bin glücklich darüber, dass die Vereinten Nationen die Erinnerung bewahren. Diese Erinnerung sollte in der ganzen Welt lebendig gehalten werden, weil die Moderne in dem Maße, in dem sie durch den Kapitalismus ausgebildet wurde, eine Konsequenz des Sklavenhandels und der Plantagensklaverei ist.

Die wirtschaftlichen Folgen sind offenbar: Die am weitesten entwickelten Länder des Westens sind überwiegend jene, deren Modernität auf dem transatlantischen Sklavenhandel und der Plantagensklaverei beruht. Der afrikanische Körper war mindestens 400 Jahre lang eine Ware und seine Arbeitskraft eine unbezahlte Ressource. Die Plantagensklaverei wandelte sich zur kolonialen Sklaverei, in der die menschlichen und natürlichen Ressourcen erneut billige Waren für den kolonialistischen Käufer waren. Er bestimmte den Preis und den Wert dessen, was er kaufte. Sehen wir dazu nicht eine Parallele in den ungleichen Handelsbeziehungen der Gegenwart, in denen der Westen noch immer den Preis und den Wert dessen bestimmt, was er aus Afrika bezieht, wie auch dessen, was er nach Afrika verkauft? Die Kolonialsklaverei hat sich zur Schuldensklaverei gewandelt. Es ist kein Zufall, dass die wichtigen Sklavenhalterstaaten später die wichtigen Kolonialmächte waren, wie sie auch heute die wichtigen Kreditgeber sind.

Dass die Opfer des Sklavenhandels und der Sklaverei auf dem afrikanischen Kontinent und außerhalb seiner Grenzen diejenigen sind, die kollektive Unterentwicklung erfahren, ist ebenfalls eine unwiderlegbare Tatsache und nur die Kehrseite derselben Medaille. Haiti war zum Beispiel im achtzehnten Jahrhundert eine wesentliche wirtschaftliche Stütze Frankreichs und weckte bei den großen europäischen Mächten Begehrlichkeiten; heute ist es das wirtschaftlich ärmste Land der westlichen Welt. Die Geschichte Haitis ist auch die Geschichte Afrikas und der afrikanischen Menschen insgesamt. Die Mehrheit der

Obdachlosen der Welt stammt immer noch aus Gemeinschaften, die Opfer des Sklavenhandels und der Plantagensklaverei waren.

Was ein Gewinn für die Welt war, vor allen Dingen für den Westen, entsprach dem Verlust für Afrika. Ich spreche hier nicht nur über den Verlust an Menschenleben, an Macht und Ressourcen — den wirtschaftlichen Verlust für Afrika und den damit einhergehenden Gewinn für den Westen: Der Sklavenhandel und die Sklaverei waren ein historisches Trauma, dessen Auswirkungen auf die afrikanische Psyche nie eingehend untersucht wurden. Während also die wirtschaftlichen Folgen für Afrika wie für den Westen offen zutage treten, sind die psychischen Folgen nicht so augenscheinlich.

Gabriele Schwab[G] hat, einen Gedanken von Sigmund Freud und Nicolas Abraham[G] sowie Maria Torok[G] weiterführend, darauf hingewiesen, dass eine Person, die ein Trauma verursacht, und eine Person, die ein Trauma erfährt, dieses Trauma häufig in einer psychischen Gruft einschließen und so handeln können, als hätte es sich nie ereignet.[1] Das Opfer betrauert seinen Verlust nicht und der Täter gesteht das Verbrechen nicht ein, weil man keinen Verlust betrauern oder kein Verbrechen eingestehen kann, das man negiert. Dies kann sich auch auf der Ebene einer Gemeinschaft vollziehen, die die verübten Schrecken in eine kollektive psychische Gruft einmauert. Erlittenes und Verursachtes werden in einer Atmosphäre des Schweigens weitergegeben. Das bedeutet natürlich, dass es zu keiner tatsächlichen Aufarbeitung kommt und die Wunde im Innern weiter eitert und die Zukunft belastet.

Der Westen hat nie richtig eingestanden, dass die Sklaverei ein Verbrechen gegen die Menschlichkeit ist, denn ein solches Eingeständnis würde erfordern, die Verantwortung für das Verbrechen und seine Folgen zu übernehmen. Das hat in der kollektiven Psyche eine klaffende Wunde hinterlassen. Amerika zum Beispiel wurde begründet

[redacted]

1 Vgl. Gabriele Schwab: *Haunting Legacies: Violent Histories and Transgenerational Trauma*, New York: CUP, 2010; vgl weiterhin Nicolas Abraham and Maria Torok: *The Shell and the Kernel: Renewals of Psychoanalysis*, Chicago: UCP, 1994

auf Freiheit und Sklaverei, obwohl das eine das andere ausschließt. Viele flohen vor Verfolgung und religiöser Intoleranz auf dem europäischen Kontinent in die Freiheit Amerikas. Dann aber ermordeten sie Indigene und schlossen Afrikaner*innen in Ketten. Sklav*innen waren die eigentlichen Gründungsväter und Gründungsmütter des modernen Amerikas. Über 200 Jahre unbezahlter Arbeit, eine Zeitspanne, in der Großbritannien und Europa zu industriellem Wohlstand und zu Macht aufstiegen, fürstliche Paläste auf Plantagengefängnissen errichteten. Dies hat dazu beigetragen, dass es als normal angesehen wird, wenn Fortschritt und Entwicklung bedeuten, dass eine auserlesene Mittelklasse sich auf dem Rücken einer armen Mehrheit im In- und Ausland aufbaut. Der zugrundeliegende ethische Imperativ wird durch die Idee umschrieben, dass Gesundheit nur dann Gesundheit ist, wenn sie auf der Krankheit des Anderen beruht, Paläste sind nur dann welche, wenn sie auf Gefängnissen errichtet werden. Diesen ethischen Ansatz drückt Kenneth Grahame satirisch in *Wind in the Willows* (1908) über seine Figur des Mole aus: »Im Grunde genommen ist das Beste am Urlaub vielleicht weniger, dass man sich erholt, als vielmehr, dass man all die anderen Typen arbeiten sieht.«[2] Die Mittelklasse strebt also danach, die Arbeiter*innen unfreier zu machen, damit sie selbst sich — dem Ideal der Sklaverei entsprechend — der entfesselten Freiheit des Kapitals annähert. Wahr ist aber auch das Gegenteil: das Streben der Arbeiter*innen nach Gleichheit mit dem Kapital. Der Kampf zwischen diesen beiden Tendenzen ist noch immer die treibende Kraft in Politik und Kultur der heutigen Welt.

Die absolute Unfreiheit der Arbeit, wie sie sich in der Sklaverei und den verschiedenen kolonialen und Klassenwandlungen zeigt, ist noch stets durch das Schwert aufrechterhalten worden, und dies umso unverhohlener, wenn es sich bei der Arbeit um die einer anderen Nation oder ›Rasse‹ handelte. Für Nordamerika war das die Ermordung der indigenen Amerikaner*innen in einem solchen Ausmaß, dass David Stannard nicht umhin konnte, sie als amerikanischen Holocaust

2 Kenneth Grahame: *The Wind in the Willows*, New York: Dover, 1999, S. 2

zu bezeichnen. So wurde der Westen erobert. Für die Europäer*innen, namentlich die Deutschen, Brit*innen, Französ*innen, Belgier*innen, Niederländer*innen, Italiener*innen, Portugies*innen und Spanier*innen, war es der koloniale Völkermord — angefangen bei der millionenfachen Abschlachtung im Kongo durch die Belgier*innen, den von den Deutschen entfesselten Herero-Horror, über Frankreichs Blutorgien in Algerien und die Massaker auf Madagaskar, bis hin zu Großbritanniens Massaker an den Mau Mau und den Masseninhaftierungen. So wurde die Demokratie exportiert.

Die großflächigen Massaker und der schamlose Völkermord, die mit mechanischen Waffen erst möglich wurden, haben ebenfalls dazu beigetragen, die Ansammlung von Massenvernichtungswaffen normal erscheinen zu lassen — und als Ausdruck des Wohlstands, der Macht, des Prestiges und des Stolzes und den damit einhergehenden ›moralischen‹ Schrecken, dass andere es nicht wagen, sich an einer ähnlichen Demonstration von Macht und Stolz zu versuchen. De Gaulle feierte Frankreichs erste atomare Explosion mit der Behauptung, dass Frankreich seit jenem Morgen stärker und stolzer geworden sei. Stolzer, weil es die Fähigkeit erlangt hatte, die Menschheit auszulöschen? Es ist wichtig, darauf hinzuweisen, dass drei der fünf führenden Atomwaffenmächte — die USA, Großbritannien und Frankreich — eine Sklavenhaltervergangenheit haben, und die vierte, Russland, eine Sklavenhaltervergangenheit im Innern besitzt. Afrika ist der einzige Kontinent mit zwei Staaten, Südafrika und Libyen, die freiwillig auf ihre Nuklearprogramme verzichtet haben. Trotzdem ist Afrika nukleares Testgelände gewesen: Frankreich testete in der algerischen Sahara, mitten im antikolonialen Algerienkrieg, und vermutlich Israel in Zusammenarbeit mit dem Südafrika der Apartheid auf den Prince Edward Inseln. Die Namen, mit denen die verschiedenen Nationen ihre ersten getesteten Atomwaffen versehen haben, veranschaulichen die völlige moralische Gefühllosigkeit dieser Nationen dem Schrecken gegenüber, den sie hervorriefen. Großbritannien nannte seine erste Testbombe Hurricane, der Test wurde in der früheren Kolonie Australien durchgeführt; die USA: Trinity, der Test wurde in der Wüste an der Grenze zu Mexiko durchgeführt; Russland: Perwaja Molnija, Erster Blitz; Israel: The South Atlantic Flash; und Indien: Smiling Buddha. Frankreich benannte seine erste Bombe nach einem Nager der Sahara. Wirbelsturm, Blitzlicht, Blitz, Lächeln, Nager — man könnte denken, dass sie die Natur anstatt der menschlichen Fähigkeit ehrten, das Leben auszurotten.

Ein aufrichtiges Betrauern des Sklavenhandels und der Sklaverei, die beiden tatsächlichen Grundlagen des modernen Kapitalismus, wird die Menschen vielleicht an die Ursprünge dieser moralischen Perversion erinnern, die darin besteht, es als Sache des Stolzes zu betrachten, global Massenvernichtung zu säen und das Böse mit einem Lächeln zu verkaufen.

Die heutige Führung des Westens weigert sich verbissen, sich für die Sklaverei zu entschuldigen, verhöhnt gar jene, die Entschädigungen fordern. Ein prominenter Verteidiger der Sklavenhaltervergangenheit machte sogar den Vorschlag, dass die Opfer dieses Verbrechens allen Ernstes Entschädigungen an jene zahlen sollten, die sie versklavten.[3] Das erinnert daran, wie die Sklav*innen gezwungen wurden, dem Sklavenhalter*innen den Verlust der Arbeitskraft zu ersetzen, den sie durch die Befreiung der Sklav*innen erlitten. Natürlich ist unschwer zu erkennen, warum die Täter*innen und ihre gekauften Verteidiger*innen das Verbrechen vergessen wollen: Die Krone ruht unsicher auf den Häuptern derer, die Verbrechen gegen die Menschlichkeit begangen haben. Doch sollten die Opfer und ihre Nachfahren es jemals vergessen? Zumindest sollten wir uns immer daran erinnern und uns von denen ermutigen lassen, die Widerstand leisteten, die sich immer eine Zukunft ohne Sklaverei erträumten und dafür kämpften. Die Amerikaner*innen, die so stolz auf ihre Unabhängigkeitserklärung sind, vergessen gern, dass der erste Schrei und der wortgewaltige Ruf nach Freiheit von den Versklavten auf den Plantagen erscholl.

Auch das postkoloniale Afrika hat dieses Trauma weder auf seinem Kontinent noch in den Gemeinschaften der Diaspora in

[redacted]

3 Vgl. Dinesh D'Souza: *What's So Great about America*, Washington: Regnery Publishing, 2002

der Karibik oder auf dem amerikanischen Doppelkontinent je angemessen betrauert. In Afrika und auf der gesamten Welt sind Sklavenhandel und Plantagensklaverei nie als das anerkannt worden, was sie in Wahrheit darstellten: Verbrechen gegen die Menschlichkeit in einem historischen und geografischen Ausmaß wie niemals zuvor, ein Hitlerismus lange vor Hitler, um Aimé Césaires Worte aus *Discourse sur le Colonialisme* (1950) zu übernehmen. Afrikanische Gemeinschaften mögen vergessen wollen, dass Teile ihrer Gemeinschaften an der Versklavung anderer beteiligt waren. Genauso mag für den arabischsprachigen Norden oder den Nahen Osten gelten, dass man nicht an die eigene Rolle bei der Versklavung der Schwarzen Afrikaner*innen durch die Araber*innen erinnert werden will.

So wie die Täter*innen uneingestandener Traumata sich negativen psychischen Konsequenzen gegenübersehen, so ergeht es auch den Betroffenen. Eine Folge besteht in der negativen Wahrnehmung Afrikas und der Afrikaner*innen durch andere und der gleichermaßen negativen Selbstwahrnehmung Afrikas und der Afrikaner*innen. Diese beiden Auswirkungen haben ihre gemeinsame Ursache in der Abwertung des Lebens der Afrikaner*innen. In Afrika können sich Massaker und Völkermorde wie in Ruanda ereignen, und die Welt sieht zu. Mit einem Achselzucken brummt sie: ›Ist doch schon einmal geschehen, was soll's!‹ Afrikanische Regierungen können ihr Volk niedermähen und anschließend zu Bett gehen und friedlich schlafen, als ob nichts geschehen wäre; Politiker*innen, die politische Auseinandersetzungen dadurch entscheiden, dass sie ethnische Säuberungen anstiften (einschließlich der entsprechenden Gegenschläge), müssen, wenn sie zu Bett gehen, deswegen kein schlechtes Gewissen haben. Die Kolonialherren taten es und hetzten eine Gemeinschaft gegen die andere auf — warum sollten wir das nicht tun?

Natürlich ist jeder Verlust von Leben schrecklich. Doch haben wir erlebt, wie die Welt und Afrika außer sich geraten, wenn eine weiße, europäische Geisel in Afrika vermisst wird oder dort zu Tode kommt. Zu Recht! Wir erleben aber nicht dasselbe, wenn es um eine Afrikanerin oder einen Afrikaner geht, nicht einmal bei 100 Afrikaner*innen. Das zeugt von einer Gleichgültigkeit den Nachkommen der

Sklav*innen gegenüber und von einem tiefen Mitgefühl für die Nachkommen der Sklavenhalter*innen. Ich rede hier nicht der Gleichheit des Desinteresses nach allen Seiten das Wort, sondern rufe zur Gleichheit des Mitgefühls auf.

Wir brauchen angemessene Trauerriten für die Opfer und ein aufrichtiges Eingeständnis des Verbrechens seitens der Täter*innen. Das bedeutet jedoch, aus dem Geschehenen zu lernen. Die Sklav*innen verloren die Herrschaft über ihre Körper, verloren die Kontrolle über ihre Arbeitskraft und büßten ihre Sprachen ein. Betrachten wir das heutige Afrika: Welche Kontrolle haben wir über unsere Ressourcen? Die Teilung der Afrikaner*innen durch die Teile-und-herrsche-Taktik der Angreifer trug während des Versklavungsprozesses dazu bei, den Widerstand zu schwächen. Bis heute schwächen dieselben Teilungen innerhalb der afrikanischen Länder und zwischen ihnen den Kontinent. Kriege, die nur scheinbar Religionskriege sind, werden losgetreten. Der Neo-Imperialismus hat irgendwie einen Weg gefunden, einige Menschen davon zu überzeugen, dass nicht der Imperialismus das Problem darstellt, sondern dass in Afrika einige dem christlichen Glauben anhängen und andere dem Islam. Im Namen des Glaubens werden sie zur willigen Hilfsarmee des westlichen Imperialismus. Es gibt viele Fragen, die wir stellen sollten, wenn wir das Bedürfnis verspüren, aus dem Kaffeesatz unserer Geschichte zu lesen.

Wichtiger ist, dass wir aus der Widerstands-Kultur der Versklavten und deren Praxis etwas lernen können. Während zum Beispiel das heutige Afrika freiwillig von seinen Sprachen lässt, verloren die versklavten Afrikaner*innen ihre Sprachen gezwungenermaßen und setzten dem häufig die Schaffung neuer Sprachen aus der Erinnerung an diejenigen entgegen, die aufzugeben sie gezwungen waren. Wurden ihnen ihre Sprachen verweigert, schufen sie neue und machten das Beste daraus. Der Panafrikanismus entstand in der Diaspora; denn die neuen Afrikaner*innen in der Karibik und auf dem amerikanischen Doppelkontinent konnten auf den afrikanischen Kontinent blicken und ihn als Ganzes sehen, jenseits der künstlichen Teilungen. Seine kulturellen Errungenschaften in Literatur und Musik sind gewaltig und haben in der Weltkultur einen unauslöschlichen Eindruck hinterlassen.

Die Welt — Afrika eingeschlossen — muss aus ihrer Vergangenheit lernen. Nur wenn die begangenen Verbrechen eingestanden und aufrichtig betrauert werden, können sich Einheit (wholeness) und Heilung (healing) vollziehen, die die Welt so dringend braucht. Ich hoffe, dass der heutige Tag nur den Beginn der kollektiven Reise zu dieser ›Ganzheiligkeit‹ (wholiness) darstellt.

Der Klub atomar bewaffneter Keulenschwinger

Massenvernichtungswaffen und die Intellektuellen

Jede menschliche Unternehmung hat eine intellektuelle Dimension. Der Übergang des Menschen von Jäger*innen und Sammler*innen zu Bäuer*innen und Viehzüchter*innen muss ein großer Sprung in der konzeptuellen Beziehung des Menschen zur Natur gewesen sein. Ich nehme an, dass dieser Sprung nicht das Ergebnis des Nachdenkens einer Person über das Konzept des Ackerbaus und der Viehzucht gewesen ist und dass dann eine andere Person dieses Konzept in die Praxis umsetzte. Denken und Praxis gehörten zusammen. Die Ackerbäuer*innen waren gleichzeitig die Denker*innen. Es ist allgemein anerkannt, dass das Intellektualisieren als autonomer Bereich der menschlichen Aktivität mit größerer materieller Produktivität und der Klassendifferenzierung zusammenhing, die den Produzent*innen des Nichtmateriellen das Überleben ermöglichten.

Intellektuelle sind Menschen, die auf dem Feld der Ideen arbeiten, die Wörter als primäre Produktionsmittel verwenden, doch können sie die Ergebnisse ihrer Arbeit weder essen noch trinken und sich schon gar nicht mit ihnen kleiden. Wörter, ihr Klang und ihre Klangqualität, ihre Anordnung und kausale Beziehung zueinander, ihre Bedeutung, ihr Dasein als Sprache sind besonders wichtig für die Kategorie der Intellektuellen, die sich mit literarischer Produktion und der Verbreitung von Abbildern beschäftigen. Bei der Schaffung der Abbilder nutzen sie jeden semantischen, semiotischen, pragmatischen und syntaktischen Aspekt der Worte. Wie alle Intellektuellen wollen sie die Verbindungen zwischen den Erscheinungen aufzeigen.

Jeder imaginative Akt enthält einen Standpunkt, und die Intellektuellen als diejenigen, die Abbilder hervorrufen, wollen uns überzeugen, die Welt und unseren Platz darin auf eine bestimmte Weise zu betrachten. Zwar ist der Standpunkt in vielen intellektuellen Hervorbringungen enthalten, in der Arbeit der literarischen Intellektuellen ist dies aber stärker der Fall. Intellektuelle arbeiten nicht im Zustand der absoluten Autonomie. Intellektuelle erfinden keine Wörter, außer wenn es in seltenen Ausnahmefällen nötig ist, sondern sie nutzen Wörter, die sie mit einer Sprache, die bereits verwendet wird, ererbt haben. Diese bereits verwendete Sprache und der jeweilige historische Augenblick formen die Intellektuellen. In diesem bereits gegebenen Kontext ringen sie mit

Ideen, erforschen Abbilder und finden dabei ihre Erfüllung. Intellektuelle müssen das tun — es liegt in der Logik ihrer Berufung — doch selbst dann besitzt die intellektuelle Produktion eine ethische Dimension.

Im Mai 2005 traf ich mich mit zwanzig Intellektuellen aus der ganzen Welt zum 2. Seoul International Forum for Literature, das sich mit dem Thema ›Schreiben für den Frieden‹ beschäftigen sollte. Es rief mir die Internationale Literaturkonferenz 1982 in Köln in Erinnerung, bei der ich dem inzwischen verstorbenen Heinrich Böll und anderen führenden Schriftsteller*innen aus der ganzen Welt begegnete und wir dasselbe Thema diskutierten. Es konnte mir nicht entgehen, dass beide Konferenzen in Ländern stattfanden, die durch dasselbe historische Ereignis geteilt waren. Nach dem Zweiten Weltkrieg wurde Deutschland in Ost- und Westdeutschland geteilt; zu den Folgen desselben Krieges gehört es, dass Korea in Nord- und Südkorea geteilt wurde. Offensichtlich waren die Organisator*innen beider Konferenzen der Ansicht, dass Intellektuelle etwas zum Problem des Weltfriedens beitragen konnten, das in den teilungsbedingten Spannungen ihrer Länder zutage trat.

Ein Höhepunkt des Treffens in Seoul war ein Besuch in Panmunjom, dem ›Waffenstillstandsdorf‹, das sich auf der Grenzlinie zwischen Nord- und Südkorea mitten in der entmilitarisierten Zone befindet. Während ich neben Kenzaburo Oe[G], dem Literaturnobelpreisträger des Jahres 1994, stand und zusah, wie sich die Soldaten des Nordens und des Südens in feindseligen Posen und mit undurchdringlichen Mienen gegenüberstanden, wurde mir klar, dass der Boden, auf dem ich mich befand, eine Metapher für das zwanzigste und einundzwanzigste Jahrhundert war. Die Ebenen der Abbilder an diesem Ort erzählen die Geschichte unserer Zeit: die Bombe, Kolonialismus, Entkolonisierung, Neokolonialismus, Kalter Krieg, Rivalität der Supermächte und Globalisierung. Tibor Meray, ein ungarischer Journalist, gehörte zu unserer Intellektuellengruppe. Er lebt inzwischen in Frankreich und war damals dabei, als der Waffenstillstand in einem Zelt unterzeichnet wurde, durch das die Grenze zwischen Nord- und Südkorea verlief. Er kehrte zum ersten Mal seit diesem Ereignis dorthin zurück, unterhielt uns mit Geschichten und zeigte uns Fotos, die er in den 1950er Jahren vom Zelt gemacht hatte. Wo sich einst das Zelt befand, standen jetzt Steingebäude, aber dieselbe Grenze verlief immer noch durch einen Tisch in dem Bungalow, an dem sich die Beamt*innen beider Seiten noch immer trafen, wenn es Streitigkeiten beizulegen galt. Meray faszinierte mich, weil er Zeitzeuge war und eine Geschichte verkörperte, die ein und dieselbe unendliche Story erzählte. Es schien weit hergeholt, doch meine eigene intellektuelle Entwicklung wurde von dieser Geschichte geprägt.

Ich kam im Schatten der Atombombe auf die Welt. Ich kann mich an einen Vers aus einem Wechselgesang zu einem Tanz kenianischer Jugendlicher aus der zweiten Hälfte der 1940er Jahre erinnern, in dem der Solist von seiner Rückkehr aus Japan spricht, wo er Bomben abgeworfen habe. Das bezog sich deutlich auf die Atombomben von Nagasaki und Hiroshima. Ich weiß aber nicht, ob die Tänzer*innen sich mit der Tat identifizierten oder sie einfach nur für einen gewaltigen Augenblick in der Menschheitsgeschichte hielten. Der Schrecken dessen, wovon die Jugendlichen sangen, traf mich Jahre später mit voller Wucht: Ich besuchte 1974 im Rahmen einer in Tokio veranstalteten Konferenz über Demokratie und die Wiedervereinigung Koreas den Ort Hiroshima und sah die Verwüstung. Die Bilder und die Geschichten über andauernde schreckliche Auswirkungen der radioaktiven Strahlung auf Generationen, die Jahre nach dem Bombenabwurf geboren wurden, rief mir die Worte des wissenschaftlichen Direktors des Manhattan Projects in Erinnerung. J. Robert Oppenheimer[G] überwachte die Geburt der größtmöglichen Massenvernichtungswaffe. Als er am 16. Juli 1945 die Testzündung der ›Trinity‹ auf dem Testgelände Alamogordo in einer Wüste in New Mexico erlebte, die treffend Jornada del Muerto (Totenmanns Reise) genannt wird, zitierte Oppenheimer aus der Bhagavadgita[G], um zu beschreiben, zu welchem Ergebnis die Arbeit seiner Gruppe von Wissenschaftler*innen geführt hatte: »Ich bin geworden der Tod, der Zerstörer der Welten.«[1] Innerhalb eines Monats fielen die menschlichen Engel

1 J. Robert Oppenheimer: http://www.atomicarchive.com/-Movies/Movie8.shtml

dieses Todes über Hiroshima und Nagasaki mit den zerstörerischen Auswirkungen her, die ich noch dreißig Jahre nach dem Bombenabwurf sehen und fühlen konnte. »Wir wussten, dass die Welt nicht mehr dieselbe sein würde«, hatte Oppenheimer gesagt.

Wie recht er hatte: Nie zuvor hatte es in der Weltgeschichte eine von Menschen geschaffene Erfindung gegeben, die auf Knopfdruck alles Leben auf der Erde vernichten konnte. Mehr als die Geburt großer religiöser Propheten markiert die Geburt der Bombe den härtesten Bruch im Kontinuum der Menschheitsgeschichte. Es gibt die Welt vor der Bombe und die Welt danach. Die kapitalistische Moderne endet mit der Atombombe, mit dieser Bombe beginnt die Post-Moderne. Und wir können nur hoffen, dass sie nicht mit der Bombe endet.

Ja, nur hoffen! Mittlerweile verfügt eine Handvoll Nationen über die Kapazitäten, die Welt mehrfach mit Atombomben zu vernichten. Sie bilden einen Klub nuklearer Keulenschwinger. Obwohl der Kalte Krieg beendet ist, steht die Welt weiterhin im Schatten ihres plötzlichen Todes. Man möchte meinen, dass sich die ganze Welt erhöbe, um zu verhindern, dass dieser Todeschatten alles menschliche Leben vernichtet, doch scheint es, als hätte sich die Aufmerksamkeit der Welt auf jene Nationen verlagert, die keine Atomwaffen besitzen. Als sei die Absicht, Atomwaffen zu besitzen, gefährlicher als deren tatsächlicher Besitz. Die Nationen, die den Tod bereits in der Hand haben, versuchen, die Welt davon zu überzeugen, dass die eigentliche Bedrohung des Lebens von denen ausgeht, die sich Zutritt zu ihrem nuklearen Klub verschaffen wollen.

Eins steht fest: Die Nichtweiterverbreitung sollte mit nuklearer Abrüstung Hand in Hand gehen. Jeder Aufruf an Nationen, kein eigenes Atomwaffenarsenal zu entwickeln, sollte mit einem ebenso vehementen Aufruf an die Atommächte einhergehen, abzurüsten. Die Campaign for Nuclear Disarmement im Großbritannien der Nachkriegszeit war eine der größten Massenbewegungen. An ihr nahmen viele Mitglieder der Labour Party teil, einschließlich einiger ihrer Führer wie Neil Kinnock[6]. Es ist schlimm, dass es, seit der Niederlage der Partei gegen Margaret Thatcher, in den Straßen Londons still um dieses Thema geworden ist.

Wenn eine Aufgabe der Intellektuellen darin besteht, Wörter zur Verteidigung des menschlichen Lebens einzusetzen, dann sollte diese Aufgabe heute darin bestehen, Zeter und Mordio gegen die ›Zerstörer‹ der Welt zu schreien. Der Glaube an eine Stabilität, die sich auf wechselseitig angedrohter Zerstörung gründet, ist der reine Wahnsinn. Das Recht auf Leben ist das höchste Recht, für das Intellektuelle einstehen müssen. In diesem Sinne konnten die Intellektuellen, die sich 1982 in Köln und 2005 in Seoul trafen, ihren Anspruch darauf rechtfertigen, sich zu Themen von Krieg und Frieden zu äußern. Bertolt Brecht schreibt in dem Gedicht »Nicht so gemeint«:

»Selbst die schmalsten Stirnen
In denen der Friede wohnt
Sind den Künsten willkommener als
jener Kunstfreund
Der auch Freund der Kriegskunst ist.«[2]

Dieselbe Zeit, die die Geburt der Bombe erlebte, sah zugleich noch andere Todesbedrohungen für das gesellschaftliche Leben. Die Hoffnung, die von der intensivierten Entkolonisierung nach dem Zweiten Weltkrieg ausgelöst worden war und für viele Gemeinschaften und Nationen in der ganzen Welt zu Unabhängigkeit, Bürgerrechten und sozialen Rechten führte, wurde unter den Rivalitäten des Kalten Krieges und durch das Aufkommen der Instrumente für die wirtschaftliche Globalisierung erstickt: das Bretton-Woods-System, die Institutionen von Weltbank, IWF und WTO. Der Kalte Krieg ist vorüber, die Globalisierung aber in vollem Gange.

Die Welt ist in die Nationen unterteilt, die über Waffen des massenhaften Todes verfügen — die Mitglieder des nuklearen Klubs — und in die, die keine besitzen; so wie die Welt der kapitalisti-

2 Bertolt Brecht: *Nicht so gemeint*, in: *Gesammelte Werke*, Band 10, Frankfurt, 1967, S. 1008

schen Globalisierung unterteilt ist in eine Handvoll Nationen, die sich um die G8 [G] herum gruppieren und in Wohlstand leben, und in diejenigen, die in Armut leben. Das hat nichts mit »Ost ist Ost und West ist West, und auf immer bleiben sie getrennt« zu tun.[3] Tatsächlich beruht der Wohlstand dieser Minderheit auf der Armut der vielen. Die Minderheit der Besitzenden verbraucht nicht allein die Ressourcen, die innerhalb ihrer nationalen Grenzen verfügbar sind; sie verbraucht auch den allergrößten Teil der weltweiten menschlichen und natürlichen Ressourcen. Es ist alarmierend, dass die Lücke zwischen diesen beiden Nationengruppen täglich größer wird.

Diese weltweite Kluft hat innerhalb der Nationen ihre Entsprechung, denn auch dort wird die Lücke zwischen der armen gesellschaftlichen Mehrheit und der wohlhabenden gesellschaftlichen Minderheit größer. Die Welt von Dickens' Oliver Twist — »Ich bitte um Verzeihung, Sir, ich möchte noch um ein wenig bitten«[4] — ersteht neu in den reichsten Nationen. Die Obdachlosen, die Gefängnisinsass*innen und die Bettler*innen sind zu Metaphern unserer Zeit geworden. Im England des achtzehnten und neunzehnten Jahrhunderts wurden Obdachlose, die um des Überlebens willen stahlen, in Strafkolonien verschifft, von denen einige später zu vollgültigen Nationen erblühten. Heute schickt der wohlhabende Teil der Nationen die beim Stehlen erwischten Obdachlosen in Gefängniskolonien auf ihren Staatsgebieten. Die Gefängnispopulation ist in vielen Nationen der am schnellsten wachsende gesellschaftliche Sektor und lässt Benjamin Disraelis [G] »zwei Nationen« in vielen Ländern zur Realität werden.[5] Meiner Meinung nach sind die Kluften zwischen und innerhalb der Nationen gleichermaßen Zerstörer der Welt, und es kann nicht überraschen, dass die Atomwaffen besitzenden Staaten gleichzeitig zu den wirtschaftlich wohlhabenden gehören. Ist diese Wechselbeziehung für Intellektuelle nicht ein weiteres Interessengebiet?

[redacted]

3 Rudyard Kipling: *The Ballad of East and West*, 1889, Ü: TB

4 Charles Dickens: *Oliver Twist*, Ü: Gustav Meyrinck, Zürich: Diogenes, 1982, S. 19

5 Benjamin Disraeli: *Sybil or The Two Nations*, 1876

Erneut fällt mir Brecht ein. Im Gedicht »Rede an dänische Arbeiterschauspieler über die Kunst der Beobachtung« ruft er die Arbeiter auf, lernend und lehrend ihren Beitrag zu den Kämpfen zu leisten:

»Und da könnt ihr,
Schauspieler der Arbeiter, lernend und lehrend
Mit eurer Gestaltung eingreifen in alle Kämpfe
Von Menschen eurer Zeit und so
Mit dem Ernst des Studiums und der Heiterkeit
des Wissens
Helfen, die Erfahrung des Kampfes zum Gemeingut
Zu machen und
Die Gerechtigkeit zur Leidenschaft.«[6]

Eine Ironie der Globalisierung besteht darin, dass der Globus mittels der Informationstechnik zum Dorf schrumpft, sich die Teilungen aber trotzdem verschärft haben. Noch einmal: Im Nachgang des Zweiten Weltkrieges nahm die Organisation des Kapitals fundamentalistischere Züge an. Markt und Profit wurden zu Gott — Vater und Sohn und Heiliger Geist — eine religiöse Tendenz, die sich am besten in Thatchers TINAismus zusammenfassen lässt. Die Weltbank und der IWF wurden zu Tempeln, in denen über Zulassung oder Exkommunikation von Mitgliedern entschieden wurde, und die WTO übernahm die Rolle der Wirtschaftspolizei.

Dieser kapitalistische Fundamentalismus hat sich andere Fundamentalismen als Verbündete geschaffen, so zum Beispiel einige Elemente des christlichen Fundamentalismus, die man gemeinhin als Christliche Rechte kennt, oder, auf der anderen Seite, einige Elemente des islamischen Fundamentalismus, der gemeinhin als Terrorismus

6 Bertolt Brecht: *Rede an dänische Arbeiterschauspieler über die Kunst der Beobachtung*, In: *Gedichte*, Band V, Berlin und Weimar: Aufbau Verlag 1978, S. 235

bezeichnet wird. Man muss unbedingt darauf hinweisen, dass sich die Anführer*innen eines endlos selbstgerechten Westens oft genug nicht zu schade waren, mit islamischen und christlichen Fundamentalist*innen zusammenzuarbeiten, wenn es ihnen behagte. Andererseits macht die kulturelle Teilung eines ›mein Gott ist mehr Gott als deiner‹ ein Gespräch sehr schwierig und trennt die Menschen unnötig voneinander. Wenn jede Seite behauptet, die Gebote des Gottes ihrer Seite zu befolgen, vergrößert sich die Angst vor denjenigen, die die Möglichkeit zu töten besitzen. Behauptungen wie etwa, dass mein Gott mehr Gott ist als dein Gott, sind ziemlich gottlos.

Die religiöse Ideologie des kapitalistischen Fundamentalismus erfordert die Zerstörung staatlicher Barrieren, die die Bewegungsfreiheit des Finanzkapitals behindern, aber die Errichtung von Barrieren gegen die Bewegungsfreiheit der Arbeitskraft. Demokratie wird mit dem Recht des Kapitals verwechselt, sich frei innerhalb eines Staates und zwischen Staaten zu bewegen, nicht jedoch mit dem Recht der Arbeitskraft, Gleiches zu tun. Der Rassismus, der mit der Prahlerei ›meine Rasse ist die auserwählte Rasse‹ ebenfalls die extreme Form religiöser Bigotterie angenommen hat, prägt sich stärker aus, und deshalb rufen einige Staaten nach der Errichtung physischer Barrieren an ihren Grenzen. Eine Variante der Idee des Auserwähltseins ist die der Einzigartigkeit. Was, wenn sich jede Nation als einzigartig sieht und sich den Normen, die die Beziehungen zwischen Nationen und Völkern regeln, nicht unterordnen will? Die ethnische Säuberung wird in Nationalstaaten zum Ausgangspunkt von Massakern und Völkermorden.

In einer Welt mit Kontakt- und Sprachbarrieren muss dennoch Platz für die sein, die den Standpunkt vertreten, dass das Wesen des Wortes darin liegt, gesprochen zu werden und Austausch zu ermöglichen, denn die menschliche Gemeinschaft wäre ohne Austausch, ohne Kommunikation, nie entstanden. Wir wären wie all die anderen Teile der Natur geblieben, von ihr nicht unterschieden und in endloser Wiederholung ihrer immer gleichen Kreisläufe gefangen. Die Aufgabe des Wortes besteht darin, eine Verbindung herzustellen, wie es in E. M. Forsters[G] *Howard's End* (1910) beschrieben ist: »Nur eine Verbindung! Das war für sie das Ende der Geschichte. Nur die Prosa mit der

Leidenschaft verbinden und beide werden erhoben, und die Menschenliebe wird auf ihrem Gipfel gesehen werden. Kein Leben in Bruchstücken mehr. Nur verbinden, und Bestie und Mönch, beraubt der Isolation, die beiden das Leben ist, werden sterben.«[7] In *Meditation* XVII (1624) bringt John Donne dieselbe Idee zum Ausdruck.[8] Unglücklicherweise gibt es jedoch viele, die immer noch glauben, dass sie in einem Leben in Bruchstücken von Nation, ›Rasse‹, Geschlecht, Religion am meisten profitieren können. Vor allem, wenn sie den Anspruch erheben können, dass ihr Bruchstück ›heiliger‹ als andere ist.

Die menschliche Beziehung, für die Donne eintritt, sollte wahrlich noch mehr auf Kulturen zutreffen. Alle Kulturen tragen zum gemeinsamen Reservoir der menschlichen Erfahrung bei. Der Tod einer Kultur lässt mich kleiner werden, weil der Menschengemeinschaft damit ein Zubringer fehlt. Wir müssen lediglich dazu beitragen, Verbindungen herzustellen, dabei helfen, dass Glaubensrichtungen und Doktrinen und Sprachen, kleine wie große, miteinander in Dialog treten. Ich beziehe mich in dieser Hinsicht auf Césaire, weil seine Aussage über kulturelle Beziehungen sich in unserem Motto am International Center for Writing and Translation an der University of California in Irvine wiederfindet. In seiner Geißelung des Kolonialismus räumt er ein: »Es ist eine gute Sache, unterschiedliche Zivilisationen miteinander in Verbindung zu bringen. Es ist etwas Hervorragendes, verschiedene Welten zu mischen; damit eine Zivilisation sich, was immer ihre besonderen Vorzüge sein mögen, nicht in Verödung zurücksinken lässt; denn der Austausch ist wie Sauerstoff für eine Zivilisation.«[9]

Es fällt schwer, den Intellektuellen eine bestimmte Rolle zuzuschreiben. Intellektuelle können und müssen alle Möglichkeiten und logischen Implikationen ihres jeweiligen Arbeitsfeldes und ihrer Arbeitsform erforschen. Ich hoffe aber, dass die Intellektuellen

[redacted]

7 E. : Forster: *Howards End*, New York: Barnes and Noble, 1993, S. 156, Ü: TB

8 John Donne: *Meditation XVII*, http://www.online-literature.com/donne/409/ (zuletzt abgerufen am 5. August 2019)

9 Aimé Césaire: *Discourse sur le Colonialisme*, 1955

unserer Zeit an den Kulturaustausch als den Sauerstoff für die Menschengemeinschaft glauben; dass die Intellektuellen von heute im Kampf für Frieden und nukleare Abrüstung, für soziale Gerechtigkeit und kulturellen Austausch finden, was sie brauchen, um ihrer Generation mehr Sauerstoff zur Verfügung zu stellen und damit ein gemeinsames menschliches Erbe aus dem Besten aller Glaubensrichtungen, Doktrinen, Kulturen und Sprachen schaffen.

Leider bin ich im akademischen Bereich auf eine Tendenz gestoßen, vor einer Verwendung von Wörtern wie Freiheit, Befreiung, soziale Gerechtigkeit, Frieden, nukleare Abrüstung, Klassenkampf, Hingabe zurückzuweichen und sich auf eine moderne Scholastik zurückzuziehen, in der Haarspaltereien über die Form wichtiger werden als der Inhalt. Indem er diese Wörter meidet, überlässt der akademische Betrieb sie den Kräften, die sie gern ihres Inhalts, ihrer Relevanz und ihres sinngebenden Bezugs berauben wollen. Emily Dickinson sagt: »Ein Wort, das vernehmlich atmet, hat nicht die Kraft zu sterben.«[10]

Der politische Autoritarismus hat große Angst vor der Macht des fleischgewordenen Wortes. Er liebt das Wort, das vom Fleisch gelöst worden ist. Die Aufgabe des Intellektuellen besteht darin, Wörter Fleisch werden zu lassen, sie vernehmlich atmen zu lassen. Stets muss die Theorie auf die Erde zurückkehren, um neue Kraft zu sammeln. Weil das atmende Wort immer noch das Leben braucht, um sich jenem entgegenzustellen, das Tod und Verwüstung in sich trägt. Werke der Fantasie und kritische Theorien können sich nur selbst schwächen, wenn sie sich dieser Herausforderung nicht stellen.

10 Emily Dickinson: Poem, 1651, in: *The Complete Poems of Emily Dickinson*, Boston: Brown & Little, 1960, 1960; S. 676, Ü: TB

Schreiben für den Frieden

Zurück zu den zwei Gräben

Als Schriftsteller, und noch dazu als Schriftsteller aus Kenia und Afrika, kann mir das Thema Krieg und Frieden nicht gleichgültig sein. Mein Vater entging der Einberufung in den Ersten Weltkrieg[G], indem er eine Krankheit vortäuschte. Jedes Mal, wenn er zur medizinischen Untersuchung musste, kaute er Kräuter, um seine Körpertemperatur zu erhöhen. Hunderte afrikanische Rekruten starben im deutschen Ostafrikafeldzug gegen die Briten. Wäre er in diesen Krieg gezogen, hätte ihn dasselbe Schicksal ereilen können, und ich wäre nie auf die Welt gekommen. Wie dem auch sei, ich wurde 1938 geboren, vor Beginn des Zweiten Weltkrieges, in dem ich später meinen Bruder verlieren sollte, einen britischen Soldaten, der für den König kämpfte, wie man damals sang. Der Krieg endete und Kenia stürzte in einen weiteren Krieg, diesmal einen Krieg des antikolonialen Widerstandes zur Beendigung der über fünfzigjährigen Besatzung durch britische Siedler*innen. Das war der Mau-Mau-Krieg, der 1952 ausbrach, ungefähr zur selben Zeit wie der Koreakrieg. 1963 wurde die Unabhängigkeit erreicht, aber das war eine Unabhängigkeit mitten im Kalten Krieg, der viele der gerade unabhängig gewordenen afrikanischen Staaten zum Schlachtfeld des Ost-West-Konflikts machte.

Dennoch verbanden wir große Hoffnungen mit der, wie es uns damals schien, Morgendämmerung eines neuen Zeitalters für Afrika und die Welt. Es gab einige Warnungen, dass nicht alles zum Besten stand, und vielleicht waren sie es, die mich als jungen Schriftsteller, eigentlich noch ein College-Student, dazu veranlassten, einen Text mit der Überschrift »Kenya: The Two Rifts« (Kenia: Die zwei Gräben) zu verfassen, der in der Septemberausgabe 1962 im *New African*, einer neuen Literaturzeitschrift, veröffentlicht wurde.

In diesem Text schrieb ich, dass das neue Kenia — wie viele afrikanische Staaten — Wege finden müsse, zwei Gräben zu überwinden, die ich damals für die Schwächung der Stabilität der noch jungen Unabhängigkeit verantwortlich machte. Ich sah einen Graben zwischen den Ethnien, aus denen das Land sich zusammensetzte und der seine Ursache oft genug in ungleichmäßiger regionaler Entwicklung hatte, ein Erbe der kolonialen Praxis. Doch sah ich auch noch einen anderen Graben, der später zum Gegenstand meiner literarischen Arbeit wurde, und das war die Verwerfungslinie zwischen der neuen Elite, die

die Macht ausübte, und der allgemeinen Bevölkerung, vor allem der arbeitenden Mehrheit. Ich schrieb so, als wären diese Gräben ganz offenbar, und hoffte, dass wir eine Wirtschaft aufbauen, eine politische Praxis entwickeln, kulturelle Werte schaffen und eine pragmatische Politik verfolgen würden, mit denen diese beiden Gräben verengt werden könnten.

Rückblickend bin ich mir hinsichtlich der beiden Teilungen nicht so sicher, ob die Welt meiner Kindheit sich so sehr von der Welt meiner Kinder heute unterscheidet. Es stimmt, dass die koloniale Welt der Vergangenheit angehört. Der Kalte Krieg, der so viele Diktaturen erlebte, vor allem, weil diese vom Westen als loyale Verbündete unterstützt wurden, gehört ebenfalls der Vergangenheit an, zumindest der äußeren Form nach. Und die Welt hat die unglaublichsten neuen technischen Errungenschaften hervorgebracht, dank derer eine vollständige Versorgung aller Menschen mit Nahrung, Kleidung und Wohnraum möglich wäre. Das Vordringen in den Weltraum und die bahnbrechenden Erkenntnisse sind atemberaubend. Aus der Sicht der Weltraumreisenden sieht unsere Erde wahrhaftig geeint aus. Die Informationstechnik bringt die Welt enger zusammen und sorgt dafür, dass bislang weit voneinander entfernte Regionen sich nun scheinbar in unmittelbarer Nachbarschaft befinden.

Doch werden die Welt und die Menschheit, die kurz davor zu stehen scheinen, sich zu einen, von den beiden Gräben bedroht, über die ich schon 1962 schrieb und die heute zu einer globalen Erscheinung geworden sind. Die politische, wirtschaftliche und kulturelle Weltkarte zeigt, dass eine Handvoll westlicher Nationen fast alle menschlichen und natürlichen Ressourcen der Welt kontrolliert. Das macht mir Sorgen. Die Welt ist tatsächlich geteilt in einige wenige Geberstaaten und sehr viele Schuldnerstaaten. Die Ironie besteht darin, dass diese armen Nationen durch Schulden und Schuldendienst zu Nettoexporteur*innen des Kapitals geworden sind, das sie so dringend für die eigene Entwicklung brauchen. Die Kluft zwischen dem Wohlstand einiger weniger Nationen der Besitzenden, die sich mehr oder weniger um die G8 scharen, und der Armut der Nationen der Besitzlosen, die sich vor allem in Afrika, Asien und Lateinamerika befinden, wird größer.

Alarmierend dabei ist nicht nur die Existenz dieser zwei Teilungen zwischen und innerhalb von Nationen, sondern auch eine sich ausbreitende Kultur, in der sie als Norm akzeptiert werden. Und mitunter erscheinen diese Teilungen gar als erstrebenswert und als unvermeidliche Folge von Fortschritt und Modernität. Im Ergebnis steht eine Verkehrung der Werte. Die Menschen sind für den Fortschritt da, der Fortschritt aber nicht für sie. Wir schaffen eine Welt, in der das Kapital die Freiheit besitzt, sich schnell über die Grenzen von Nationalstaaten hinweg zu bewegen und diese Grenzen sogar der Lächerlichkeit preiszugeben. Gleichzeitig setzen wir der Bewegung der Arbeitskräfte rassistische Barrieren entgegen. In einer Welt, die den Anschein erweckt, als würde sie zunehmend geeint, haben sich rassistische und ethnische Intoleranz verstärkt. Ist es ein Wunder, dass es im Namen der ethnischen Säuberung zu Massakern an Unschuldigen gekommen ist?

Wir verzeichnen eine zunehmende Vergöttlichung des Marktes als einzigem Richter über die wirtschaftliche Praxis des Menschen. Diese Gottheit zeigt ihre Zufriedenheit mit ihren wahren Gläubigen dadurch, dass sie deren Profit erhöht, und ihre Unzufriedenheit dadurch, dass sie ihn verweigert. Die Gottheit hat zudem alle Söhne und Töchter enterbt und nur einen übriggelassen — einen ganz und gar intoleranten Kapitalismus. Der IWF, die Weltbank und selbst die WTO sind zu Tempeln geworden, und wer den Zelten der Anbetung den Rücken kehrt, wird exkommuniziert. Der kapitalistische Fundamentalismus und die Kräfte, die er freisetzt, werden zur Gefahr für eben die Modernität, die seine tolerantere Erscheinungsform früher geschaffen hatte. Fundamentalismus herrscht dann, wenn ein System — jedes System — beansprucht, einzig gültig zu sein; und was diesen Fall betrifft, so scheint der Markt zu sagen, dass es nur eine einzige Möglichkeit gibt, ihn anzubeten: durch Privatisierung und die Aufgabe jeglicher gesellschaftlichen Kontrolle über das Verhalten des Kapitals.

Ich sehe, dass die zwei Teilungen eine sehr unausgeglichene Welt schaffen, eine sehr gefährliche Welt, eine sehr instabile Welt — denn, wenn Nationen, egal ob groß oder klein, sich weigern, diese zwei Teilungen zu benennen und gegen sie anzugehen, dann sind sie vollauf damit beschäftigt, anderswo nach Gründen für nationale und globale Instabilität zu suchen.

Im Zusammenhang mit den zwei Teilungen und mit Blick auf Frieden gibt es zwei potentielle Reaktionsmöglichkeiten. Zunächst gibt es den konservativen Ansatz: Frieden durch Bewahrung des Status quo. Das ist ein ›Frieden‹, der auf Sklaverei beruht, und Frieden ist er nur für die unterdrückende Klasse oder Nation. Die Absurdität einer solchen Annäherung an den Frieden hat Leo Tolstoi am besten formuliert, als er von dem Mann sprach, der von einem anderen auf dem Rücken getragen wird und vehement beteuert, dass er bereit sei, alles zu tun, um seinem Opfer zu helfen — ›alles‹, das heißt, nur nicht von dessen Rücken zu steigen. Die Fürsprecher der bloßen Vergabe von Hilfsleistungen gehören in diese Kategorie. Die grundlegende Frage besteht nicht in der Vergabe oder im Ausbleiben von Hilfe in der ›unterentwickelten‹ Welt, sondern darin, von ihrem Rücken zu steigen, damit sie auf einer nationalen Basis ihre Wirtschaft, Politik und Kultur entwickeln kann, um mit anderen Nationen und Völkern interagieren zu können.

Des Weiteren gibt es die radikale Reaktion. Sie verlangt eine vollständige Transformation der Systeme der Ungleichheit und Unterdrückung in jeder Nation und zwischen allen Nationen. Die moderne Industrie, die Wissenschaft und Technik könnten, wären sie nicht darauf ausgerichtet, Ungleichheiten zu erhalten (man stelle sich die Milliarden vor, die für nukleare und konventionelle Waffen ausgegeben werden!), das Leben für Millionen Menschen auf der Erde verändern. Tatsache ist, dass wir im Augenblick in einer Welt der Widersprüche leben. Menschliche Technik und Erfindungsgabe haben in Weltall und Genetik die Grenzen ins Endlose verschoben, und doch bestimmt die menschliche Gier, dass Krankheit und Armut auf der Erde herrschen sollen. Wir verfügen über die Mittel, Leben zu retten, und doch sitzen wir auf Bergen von Massenvernichtungswaffen und zeigen mit dem Finger auf alle anderen, nur nicht auf uns selbst. Nicht zuletzt ist Armut in einer und zwischen den Nationen eine Waffe der massenhaften Unzufriedenheit. Persönlich glaube ich nicht daran, dass in einer vom Imperialismus beherrschten Welt Frieden möglich ist. Noch in einer Welt, in der die Gefängnispopulation die in den reichsten Nationen am schnellsten wachsende Bevölkerungsgruppe darstellt.

Die Literatur liefert uns Abbilder der Welt, in der wir leben. Diese Abbilder formen unser Bewusstsein und bestimmen unseren Blick auf die Welt. Diese Art und Weise, in der wir die Welt sehen, kann unsere Neigung zu Handlung oder Inaktivität oder zu einer bestimmten Art Handlung oder Inaktivität tiefgreifend beeinflussen. Schreiben für den Frieden sollte zumindest bedeuten, das Bewusstsein der Menschen für einen kompromisslosen Abscheu gegenüber allen ausbeuterischen, parasitären Beziehungen zwischen Nationen und zwischen Völkern innerhalb einer Nation zu fördern. Es sollte um eine Welt gehen, in der die eigene Sauberkeit nicht vom Schmutz eines anderen abhängt, die eigene Gesundheit nicht von der Gebrechlichkeit eines anderen und das eigene Wohlergehen nicht vom Elend eines anderen. Frieden ist nur in einer Welt möglich, in der die Entwicklungsbedingung jedweder Nation gleichbedeutend mit der Entwicklung aller ist. Der Globalisierung von Gier und der Mittel zur Zerstörung des Menschen sollte mit der Globalisierung des Glaubens an Vernunft und menschliche Schöpfungskraft begegnet werden. Heute mehr als je zuvor in der Menschheitsgeschichte müssen Gemeinschaften unterschiedlicher ›Rassen‹, Glaubensbekenntnisse und Kulturen miteinander sprechen, sich der Verantwortung für ihre gemeinsame Zukunft stellen, die auf der Idee der Souveränität der Menschen auf der Erde beruht.

Schreiben für den Frieden sollte den Menschen eine ständige Erinnerung sein, dass wir alle auf derselben Erde leben und dass jede Anhäufung von Massenvernichtungswaffen durch irgendeine Nation, sei sie klein oder groß, eine kriegerische Handlung gegen die Zukunft der Menschheit darstellt. Bringen wir alle Nationen dazu, diese Waffen zu Pflugscharen zu schmieden. Die Erde ist uns allen Vater und Mutter und zugleich unsere Zukunft, und der Frieden ist die einzige Garantie für diese gemeinsame Zukunft, unseren gemeinsamen Traum.

Glossar

A

ABRAHAM,
Nicholas (1919 – 1975), französischer Psychoanalytiker

ADICHIE,
Chimamanda Ngozi (1977 –), nigerianische Schriftstellerin, lebt in Nigeria und den USA, schreibt in englischer Sprache, für ihr Werk vielfach international ausgezeichnet; in ihrem TED-Talk *The Danger of a Single Story* setzt sie sich mit den Gefahren einseitiger Darstellungen auseinander: www.ted.com/talks/chimamanda_adichie_the_danger_of_a_single_story?language=de (abgerufen am 19.8.2019)

AFRIFA-KOTOKA
Bezeichnung für die Freunde Akwasi Afrifa (Generalleutnant, 1936 – 1979) und Emmanuel Kotoka (Generalmajor, 1926 – 1967), die in einem Putsch 1966 Kwame Nkrumah als Präsidenten absetzten; Kotoka kam 1967 bei einem Gegenputsch ums Leben, Afrifa wurde 1979 unter Jerry Rawlings hingerichtet

ALEXANDER,
Neville (1936 – 2012), südafrikanischer Linguist und Anti-Apartheidkämpfer, Direktor des Projekts *Study of Alternative Education in South Africa*

ALIGHIERI,
Dante (1265 – 1321), italienischer Dichter, Spracherneuerer und Philosoph, überwand das dominante Latein durch die Verwendung des Altitalienischen in der *Göttlichen Komödie* (1307–1320) und entwickelte das Italienische zur Literatursprache

ALLMENDEN
gemeinsam genutzte landwirtschaftliche Flächen

ARAP MOI,
Daniel (1924 –), kenianischer Politiker, Staatspräsident (1978 – 2002), Vorsitzender der Organisation für Afrikanische Einheit (OAU) von 1981 bis 1983

ASHWOOD GARVEY,
Amy (1895 – 1973), Ehefrau Marcus Garveys, Journalistin, leitete nach Garveys Tod die UNIA, Universal Negro Improvement Association, und war Herausgeberin der Zeitschrift dieser Organisation

B

BBC
British Broadcasting Corporation, eine öffentlich-rechtliche Rundfunkanstalt des Vereinigten Königreichs

BHAGAVADGITA
auch Bhagavad Giita, eine der zentralen Schriften des Hinduismus

BETI,
Mongo (1932 – 2001) eigentlich: Alexandre Byidi Awala, kamerunischer Schriftsteller, Lehrer, Kritiker und Herausgeber

BLYDEN,
Edward Wilmot (1832 – 1912), liberianischer Politiker, Vertreter des Panafrikanismus

BOKASSA,
Jean Bedel (1921 – 1996), Militär und Politiker, nach Staatsstreich 1966 zweiter Präsident der Zentralafrikanischen Republik; ab 1976 als Bokassa I. Kaiser des Zentralafrikanischen Kaiserreichs, 1979 gestürzt, 1980 zum Tode verurteilt (Mord, Folter, Korruption, Kannibalismus), später begnadigt

BRETTON-WOODS AGREEMENT,
1944 erzieltes Übereinkommen, mit dem nach dem 2. Weltkrieg ein neues internationales Geldsystem eingerichtet wurde, mit dem Dollar als goldgebundener Leitwährung und entsprechenden Wechselkursen für andere Währungen; endete Anfang der 1970er Jahre durch Austritt der USA

BUTHELEZI,
Mangosuthu (1928 –), südafrikanischer Politiker, Vorsitzender der 1975 von ihm gegründeten Inkatha Freedom Party, von konservativen Kreisen und dem Westen zum Gegenspieler Mandelas aufgebaut, vertrat eine ethnisch strukturierte ›föderale‹ Lösung anstelle eines Einheitsstaates für Südafrika nach der Apartheid, Innenminister Südafrikas (1994 – 2004)

C

CÉSAIRE, Aimé (1913–2008), Schriftsteller und Politiker aus Martinique, begründete gemeinsam mit Léopold Sedar Senghor und Leon Gontran Damas die literarisch-philosophische Strömung der Négritude, die vor allem um die Mitte des 20. Jahrhunderts von Bedeutung war, deren Nachwirkung aber bis in die heutige Zeit reicht

CODESRIA Council for the Development of Social Science Research in Africa, 1973 in Dakar gegründet, panafrikanische Forschungseinrichtung auf dem Gebiet der Geistes- und Gesellschaftswissenschaften

D

DARFUR, eigentlich Dar Fur — Land der Fur, Region im Westen des Sudan, seit 2003 im Bürgerkrieg mit der Zentralregierung

DESCARTES, René (1596–1650), französischer Philosoph, Mathematiker, Naturwissenschaftler, Begründer des Rationalismus (Cartesianismus) — »Ich denke, also bin ich«, der *Discourse sur la méthode* vereint Descartes' Auffassungen zu Erkenntnistheorie, Ethik, Metaphysik und Physik, seine Schriften wurden 1653 vom Vatikan verboten

DIOP, Cheikh Anta (1923–1986), senegalesischer Historiker und Anthropologe (Ägyptologie), einer der bedeutendsten Intellektuellen Afrikas, übersetzte u. a. Teile von Einsteins Relativitätstheorie ins Wolof, Begründer der afrozentrischen Ägyptologie, nach der vieles der griechischen Zivilisation altägyptischen Ursprungs ist, der wiederum auf afrikanische Wurzeln zurückgeht, Hauptwerk *Nations Nègres et Culture* (1955)

DISRAELI, Benjamin (1804–1881), britischer Politiker und Schriftsteller, 1868 und 1874–1880 Premierminister von Großbritannien

DONNE, John (1572–1631), zählt zu den metaphysischen Dichtern Englands, wichtig vor allem wegen seiner realistischen, sinnlichen und satirischen Sonette, Lieder und Elegien, berühmt für zwei Sentenzen aus der hier zitierten *Meditation XVII*: »Kein Mensch ist eine Insel« und »Wem die Stunde schlägt«

DOUGLAS, Frederick (1817/18–1895), amerikanischer Schriftsteller und Abolitionist, ehemaliger Sklave, geißelte die Sklaverei in vielen öffentlichen Reden und galt als einflussreichster Afroamerikaner des 19. Jahrhunderts, setzte sich für die Gleichberechtigung der afroamerikanischen Soldaten in der Nordstaatenarmee des amerikanischen Bürgerkrieges ein

DUBOIS, William Edward Burghardt (1868–1963), amerikanischer Soziologe und Philosoph, Vordenker der Civil Rights Movement und Widersacher der konzilianten Positionen Booker T. Washingtons, forderte unverzüglich Bürgerrechte und Gleichberechtigung für alle, Freund Kwame Nkrumahs

E

EAST AFRICAN COMMUNITY 2000 neu gegründete Union aus Kenia, Tansania und Uganda, Vorgängerorganisationen bestanden von 1967 bis 1977 und zwischen 1993 und 2000

ERSTER WELTKRIEG siehe Weltkriege und Afrika

F

FANON, Frantz (1925–1961), französischer Psychiater und Schriftsteller aus Martinique, Vordenker der Dekolonisierung, solidarisierte sich mit den Unabhängigkeitskämpfern in Algerien und arbeitete für die Algerische Befreiungsfront

FORSTER, Edward Morgan (1879–1970) britischer Schriftsteller

G

G8
supranationale Vereinigung der sieben großen Industrienationen Deutschland, Frankreich, Italien, Japan, Kanada, das Vereinigte Königreich und die Vereinigten Staaten (G7) sowie Russlands

GARVEY,
Marcus (1887 – 1940), jamaikanischer Politiker, Gründer der Universal Negro Improvement Association (UNIA), propagierte die Rückkehr aller Afroamerikaner*innen nach Afrika und gründete zu diesem Zweck die Schifffahrtsgesellschaft Black Star Line, vertrat Positionen einer strikten Rassentrennung, die später zum Vorbild für die amerikanische Nation of Islam wurden

GATT
General Agreement on Tariffs and Trade — Allgemeines Zoll- und Handelsabkommen (1947), Vorläufer der Welthandelsorganisation (World Trade Organization, WTO)

GĨKŨYŨ
auch Agĩkũyũ oder Kikũyũ, zahlenmäßig stärkste Ethnie Kenias (ca. 7 Millionen), Sprache: Gĩkũyũ

GRAHAME,
Kenneth (1859 – 1932), britischer Schriftsteller, Kinderliteratur

HOUNTONDJI,
Paulin (1942 –), Philosoph aus Benin, seit 1972 Professur in Cotonou, Hauptwerk: *Sur la philosophie africaine: critique de l'ethnophilosophie*, 1976, die Ethnophilosophie von Alexis Kagame und Placide Tempels kritisierende Arbeit, Direktor des *Centre africain des hautes études* in Porto Novo, Benin

I

IGBO
Ethnie im Südosten Nigerias östlich des Unterlaufs des Niger, die ölreiche Region spaltete sich 1967 unter dem Staatsnamen Biafra von Nigeria ab, in einem bis 1970 währenden Krieg mit über einer Million Toten wurde die Einheit des nigerianischen Staates wieder hergestellt; Sprache: Igbo

IMPERIAL BRITISH EAST AFRICAN SOCIETY
kommerzielles Unternehmen, das Ostafrika (das heutige Kenia und Uganda) zwischen 1888 und 1895 verwaltete, nach der Kongokonferenz in Berlin 1884/85 gegründet

INTERLIT
von Wolfgang Binder, Hartmut Fähndrich, Al Imfeld, Ray-Güde Mertin, Dieter Riemenschneider und Peter Ripken verantwortetes internationales Literaturfestival, das Schriftsteller aus Asien, Afrika und Lateinamerika zusammenführte, Ausgabe 1 und 2 fanden in Köln statt, 3 und 4 in Erlangen

IWF
Internationaler Währungsfonds auch Weltwährungsfonds (International Monetary Fund, IMF), zurzeit 189 Mitgliedsländer

J

JAMES,
Cyril Lionel Robert (1901 – 1989), Journalist und sozialistischer Theoretiker aus Trinidad

K

KALENJIN,
auch Kalendjin oder Kalendschin, Gruppe verwandter Völker, die im Westen Kenias im und am Rift Valley leben

KENYATTA,
Jomo (1893 – 1978), erster Ministerpräsident und erster Staatspräsident Kenias (1963 – 1978)

KIBAKI,
Mwai (1931 –), Präsident Kenias von 2002 bis 2013, Finanzminister unter Kenyatta, Vizepräsident und Finanzminister unter arap Moi

KINNOCK,
Neil (1942 –), britischer Politiker, ehemaliger Labour-Vorsitzender, Parlamentsabgeordneter, seit 2005 im House of Lords, Vizepräsident der EU-Kommission unter Prodi

KOMPRADOREN-BOURGOISIE
»Als Kompradoren-Bourgoisie (zuweilen auch Oligarchie genannt) ist jene anzusehen, deren Interessen gänzlich denen des

ausländischen Kapitals unterliegen (...). Ihre Aktivität trägt oftmals Züge von Spekulation, ist konzentriert in den Bank- und Handelssektoren, ergreift jedoch auch den Industriebereich, vorab Branchen, die vollständig vom ausländischen Kapital abhängig sind.« (Nicos Poulantzas, *Die Krise der Diktaturen. Portugal, Griechenland, Spanien*, Suhrkamp Verlag, Frankfurt am Main, 2. Aufl., 2015, S. 38).

L

LAND AND FREEDOM ARMY (MAU MAU)
Selbstbezeichnung der antikolonialen Widerstandskämpfer in Kenia, die zwischen 1952 und 1960 gegen die britische Kolonialmacht kämpften, der bewaffnete Kampf wurde blutig niedergeschlagen, mündete aber 1963 in die Unabhängigkeit Kenias

LINCOLN,
Abraham (1809 - 1865), 16. Präsident der Vereinigten Staaten von Amerika (1861 - 1865)

LUMUMBA,
Patrice (1925 - 1961), kongolesischer Politiker, 1960 erster Premierminister des Kongo, am Komplott zur Ermordung Lumumbas waren nachweislich der belgische Staat, die CIA und der britische MI6 beteiligt, die Verantwortlichen wurden nie zur Rechenschaft gezogen

LUO
Ethnie in Kenia und Tansania (Viktoriasee)

M

MAASAI
auch Masai oder Maassai, ostafrikanische Volksgruppe, die im Süden Kenias sowie im Norden Tansanias beheimatet ist

MANDELA,
Nelson Rolihlahla (1918 - 2013), südafrikanischer Kämpfer gegen die Apartheid und Politiker, aus politischen Gründen 27 Jahre im Gefängnis (1963 - 1990), erster Schwarzer Präsident Südafrikas (1994 - 1999)

MBEMBE,
Joseph-Achille (1957 -), kamerunischer Historiker, Politikwissenschaftler und Theoretiker des Postkolonialismus

MCCAIN,
John (1936 - 2018), amerikanischer Politiker, der bei der Präsidentschaftswahl 2008 Barack Obama unterlag

MERAY,
Tibor (1924 -) ungarischer Journalist und Schriftsteller, ging 1956 nach Frankreich ins Exil

MOBUTU,
Sese Seko (1930 - 1997), kongolesischer Politiker, Präsident der Demokratischen Republik Kongo (1965 - 1997), kam durch Staatsstreich an die Macht, 1997 trotz der Unterstützung durch die USA und Frankreich gestürzt

MQUAYI,
Samuel (1875 - 1945), Dichter, Historiker und Übersetzer der südafrikanischen Xhosa, maßgeblich beteiligt an der Standardisierung der Xhosa-Schriftsprache, mehrere Gedichtbände

N

NGO
Nichtregierungsorganisation (engl. Non-governmental organization)

NKRUMAH,
Kwame (1909 - 1972), ghanaischer Politiker, führte 1957 die britische Kolonie Goldküste als eines der ersten Länder Afrikas in die Unabhängigkeit, erster Präsident Ghanas (1960 - 1966), einer der wichtigsten Vertreter des Panafrikanismus

NYERERE,
Julius (1922 - 1999), tansanischer Politiker und erster Ministerpräsident Tanganjikas (1961), Staatspräsident (1962), Präsident Tansanias (1964 - 1985, Rücktritt), Vorsitzender der Organisation für Afrikanische Einheit, OAU (1984/85), 1967 Arusha-Deklaration zur Begründung seiner Bemühungen, Tansania vom wirtschaftlichen und politischen Diktat des Westens unabhängig zu machen

O

OBAMA,
Barack (1961 -), 44. Präsident der Vereinigten Staaten von Amerika (2009 - 2017)

OE,
Kenzaburo (1935 -), japanischer Schriftsteller, Pazifist und Atomkraftgegner

ODINGA,
Raila (1945 -), kenianischer Politiker, Sohn des Politikers Oginga Odinga (1911 - 1994, Oppositionspolitiker zu Zeiten Kenyattas und arap Mois), Ministerpräsident 2008 - 2013, Bauminister in der Regierung Mwai Kibaki, (Präsidentschaftskandidat 2017, ließ sich nach der umstrittenen Wahl von seinen Anhängern zum Präsidenten ausrufen: Affront gegen Amtsinhaber Kenyatta

OPPENHEIMER,
Julius, Robert (1904 - 1967), amerikanischer Physiker, gilt als ›Vater der Atombombe‹

P

PADMORE,
George (1902 - 1959), Politiker und Vordenker des Panafrikanismus aus Trinidad

PHONISCHE IDENTITÄTEN
z. B. anglophon, frankophon, lusophon. Die Kolonialmächte hatten ihre Sprachen jeweils in ihren Kolonien als Amtssprachen durchgesetzt und betrachteten den Sprachraum als identitätsstiftend für die Afrikaner*innen.

PRAH,
Kwesi Kwaa (1942–), ghanaischer Soziologe und Panafrikanist, lebt seit den 1980er Jahren in Lesotho und Südafrika, 1997 Gründung des CASAS - Centre for Advanced Studies of African Society — in Kapstadt

PRINCE EDWARD INSELN,
Inseln im südlichen Indischen Ozean, zu Südafrika (Provinz Westkap) gehörend, ca. 1800 km vom Kap entfernt

R

RASSE
Anmerkung der Herausgeber*innen: Ngũgĩ wa Thiong'o versteht ›Rassen‹ nicht biologistisch. ›Rassen‹ sind das Ergebnis rassistischer, kulturell-diskursiver Setzungen, die sich im Laufe der Jahrhunderte wirkmächtig in Glaubensgrundsätze, (Sprech-)Handlungen und identitäre Muster eingeschrieben haben. Dadurch prägen sie Erfahrungen und (Lebens-) Realitäten.

S

SARR,
Felwine (1972–), senegalesischer Sozialwissenschaftler, Autor und Musiker; mit dem kamerunischen Philosophen Achille Mbembe gründete er im Oktober 2016 die Ateliers de la Pensée, eine Vereinigung von rund 30 Wissenschaftler*innen und Künstler*innen mit dem Ziel, einen Raum für intellektuelle Debatten in Afrika zu schaffen.

SAWADOGO,
Yacouba (1941 oder 1942–), Bauer aus Burkina Faso, der eine traditionelle Anbaume-methode weiterentwickelte; 2018 erhielt er den Right Livelihood Award (sog. Alternativer Nobelpreis)

SCHWAB,
Gabriele, Professorin für Vergleichende Literaturwissenschaft an der University of California, Irvine

SCHWARZ
Anmerkung der Herausgeber*innen: Im Text wird ›Schwarz‹ groß geschrieben, um darauf aufmerksam zu machen, dass Schwarz zu sein *»keine Eigenschaft, sondern eine gesellschaftspolitische Position« ist.* »Die Selbstbenennung ›Schwarz‹ markiert bestimmte gemeinsame Erfahrungshorizonte und somit auch Realitäten in einer weiß-dominierten Gesellschaft.« (Noah Sow, zitiert nach Susan Arndt und Nadja Ofuatey-Alazard (Hg.), *Wie Rassismus aus Wörtern spricht,* UNRAST-Verlag, 2. Aufl., 2015, S. 608)

SEMBÈNE, Ousmane (1923 – 2007), senegalesischer Filmregisseur und Schriftsteller, gilt als »Vaterfigur« der Filmemacher in der Entwicklungsgeschichte des afrikanischen Films, *Ceddo*, Spielfilm 1976 über den Widerstand der »unteren Klasse« (Ceddo) gegen die Islamisierung

SENGHOR, Léopold Sedar (1906–2019), senegalesischer Dichter und Politiker, der erste Präsident des Senegal (1960 – 1980); begründete mit Aimé Césaire und anderen Intellektuellen die literarisch-philosophische Strömung der Négritude

SMITH, Adam (1723 – 1790), schottischer Philosoph, gilt als Begründer der klassischen Nationalökonomie

SOYINKA, Wole (1935 –), nigerianischer Schriftsteller und Literaturnobelpreisträger (1986)

STANNARD, David (1941–), amerikanischer Historiker, bezeichnet in *American Holocaust* den Völkermord an den amerikanischen Ureinwohnern als den größten der Geschichte

SYLVESTER-WILLIAMS, Henry (1867 – 1911), Rechtsanwalt und Schriftsteller aus Trinidad, Vertreter des Panafrikanismus, organisierte 1900 die 1. Pan-African Conference in London, später am Obersten Gericht in Südafrika der erste Schwarze Südafrikaner

T

TOROK, Maria (1925 – 1998), französische Psychoanlaytikerin

V

VILAKAZI, Benedict (1906 – 1947), südafrikanischer Schriftsteller und Linguist der Zulu, Romane und Gedichte

W

WALI, Obi (1932 – 1993), nigerianischer Wissenschaftler und Menschenrechtler, Hauptthese: ›Afrikanische Literatur muss in afrikanischen Sprachen geschrieben werden‹; löste damit 1962 bei einer Literaturtagung am Makerere College in Kampala eine kontrovers geführte Debatte aus, die bis heute nachwirkt

WASHINGTON, Booker T. (1856 – 1915), amerikanischer Pädagoge und Bürgerrechtler, ehemaliger Sklave, schuf in Tuskegee eine Schule für Schwarze nach dem Vorbild des Hampton Institute von Samuel Chapman, damit deren Absolventen sich besser in die Gesellschaft integrieren konnten

WELTKRIEGE UND AFRIKA, Anmerkung der Herausgeber*innen: Die europäischen Kolonialmächte zwangen Afrika in ihre militärischen Auseinandersetzungen und Afrikaner in ihre Armeen und Kriegsökonomien. Im Ersten Weltkrieg (1914–1918) kämpften vor allem in Deutsch-Ostafrika afrikanische Kolonialsoldaten auf deutscher Seite gegen afrikanische Soldaten auf britischer Seite. Die Lasten des Krieges der europäischen Mächte in Afrika trugen letztlich die Afrikaner*innen. Der Zweite Weltkrieg (1939 – 1945) begann in Afrika bereits 1935, als Mussolinis Italien Abessinien besetzte. 1941 landete Hitlers Afrikakorps in Libyen und überzog Nordafrika mit seinem Krieg. Mehr als eine Million afrikanischer Soldaten kämpften in den Armeen der Alliierten (vgl. auch Rheinisches JournalistInnenbüro/Recherche International e. V. (Hg.) *Unsere Opfer zählen nicht. Die Dritte Welt im Zweiten Weltkrieg*, Bundeszentrale für politische Bildung, Schriftenreihe)

WILLIAMS, Eric Eustace (1911 – 1981), Premierminister von Trinidad and Tobago, Historiker und Autor, *Capitalism and Slavery*, Richmond: University of North Carolina Press, 1944

WIREDU,
Kwesi (1931–), Philosoph aus Ghana, Kritiker der »Ethnophilosophie«, vertritt, auf der Grundlage afrikanischer Traditionen, einen interkulturellen Ansatz mit Schwerpunkt auf dem Konzept der »Aussöhnung«

WTO
World Trade Organisation — Welthandelsorganisation

X

XHOSA
Volk in Südafrika, die Sprache ist isiXhosa, vereinfachend Xhosa genannt; isiXhosa ist eine der elf Amtssprachen in der Republik Südafrika, es wird auch in Botswana und Lesotho gesprochen

Bibliografie

A

Nicolas Abraham & Maria Torok: *The Shell and the Kernel: Renewals of Psychoanalysis*, VOl. 1, Chicago: University of Chicago Press, 1994

Chinua Achebe: *Termitenhügel in der Savanne*, Frankfurt: Fischer TB, 2016, Ü: Susanne Köhler, OT: *Anthills in the Savannah*, 1987

B

Mongo Beti: *Der arme Christ von Bomba*, Wuppertal: Peter Hammer, 1980, Ü: Herta Meyer & Jochen R. Klicker, OT: *Le pauvre christ de Bomba*, 1976

Bertolt Brecht: *Der kaukasische Kreidekreis*, Frankfurt: Suhrkamp, 1955

Bertolt Brecht: *Nicht so gemeint, in: Die Gedichte von Bertolt Brecht*, Frankfurt: Suhrkamp, 2007

Bertolt Brecht: *An die dänischen Arbeiterschauspieler über die Kunst der Beobachtung*, in: Die Gedichte von Bertolt Brecht, Frankfurt: Suhrkamp, 2007

C

Aimé Césaire: *Discourse sur le Colonialisme*, Paris: Editions Présence Africaine, 1955

D

Emily Dickinson: Poem, 1651, in: *The Complete Poems of Emily Dickinson*, Boston, Little, Brown, 1960,

Cheikh Anta Diop: *Quand pourra-t-on parler d'une renaissance africaine?*, in: Le Musee Vivant, Paris 1948

Dinesh D'Souza: *What's so Great About America?*, Washington: Regnery Publlishing, 2002

E

Emmanuel Chukwudi Eze: *The Color of Reason: The Idea of ›Race‹ in Kant's Anthropology*, in: Postcolonial African Philosophy: A Critical Reader, ed. Emmanuel Chukwudi Eze, Oxford: Blackwell, 1997

F

Frantz Fanon: *Schwarze Haut — Weiße Masken*, Frankfurt: Syndicat, 1980, Ü: Eva Moldenhauer, OT: *Peau noire, masques blancs*, 1952

Frantz Fanon: *Die Verdammten dieser Erde*, Frankfurt: Suhrkamp, 1981, Ü: Traugott König, OT: *Les damnées de la terre*, 1961

E. M. Forster: *Wiedersehen in Howards End*, Frankfurt: Fischer TB, 2005, Ü: Egon Pöllinger, OT: *Howards End*, 1910

Michel Foucault: *Überwachen und Strafen: Die Geburt des Gefängnisses*, Frankfurt: Suhrkamp TB, 2008, Ü: Walter Seitter, OT: *Surveiller et punir. La naissance de la prison*, 1977

G

Kenneth Grahame: *Der Wind in den Weiden*, Zürich: NordSüd Verlag, 2017, Ü: Sybil Gräfin Schönfeldt, OT: *The Wind in the Willows*, 1908

J

Jomo Kenyatta: *Facing Mount Kenya. The Tribal Life of the Gĩkũyũ*, London: Vintage, 1938

L

W. I. Lenin: *Der Imperialismus als höchstes Stadium des Kapitalismus*, in: Werke, Band 22, Berlin 1960

K

Karl Marx: *Das Kapital*, Band I, MEW 23, Berlin: Dietz Verlag, 1972

Karl Marx & Friedrich Engels: *Manifest der Kommunistischen Partei*, in: MEW, Band 4, Berlin: Dietz Verlag, 1959

M

Bronwyn Mills: *Caribbean Cartographies: Maps, Cosmograms, and the Caribbean Imagination*, unveröffentlichte Dissertation, New York University, Department of Comparative Literature

James H. Mittleman: *Alternative Globalization*, in: *Civilizing Globalization*, ed. Richard Sandbrook, New York: SUNY Press, 2003

N

Ngũgĩ wa Thiong'o: *Dekolonisierung des Denkens. Essays über afrikanische Sprachen und Literatur*, Münster: Unrast Verlag, 2017, Ü: Thomas Brückner, OT: *Decolonizing the Mind: The Politics of Language in African Literature*, Nairobi: East African Educational Publishers, 1986

Ngũgĩ wa Thiong'o: *Preis der Wahrheit*, Berlin: Volk und Welt, 1971, Ü: Klaus Schultz, OT: *A Grain of Wheat*, 1967

Ngũgĩ wa Thiong'o: *Matigari*; Wuppertal: Peter Hammer, 1991, Ü: Susanne Köhler, Nachwort: Thomas Brückner, OT: *Matigari*, 1987

Ngũgĩ wa Thiong'o: *Moving the Centre. Essays über die Befreiung afrikanischer Kulturen*, Münster: Unrast Verlag, 2015, Ü: Jörg W. Rademacher, OT: *Moving the Centre. The Struggle for Cultural Freedom*, 1993

Ngũgĩ wa Thiong'o: *Penpoints, Gunpoints and Dreams: Towards a Critical Theory of the Arts and the State in Africa*; Clarendon Lectures in English Literature, 1996, Oxford: Clarendon, 1998

Ngũgĩ wa Thiong'o: *Land der flammenden Blüten*, Berlin: Volk und Welt, 1980, Ü: Josef Zimmering, OT: *Petals of Blood*, 1977

Ngũgĩ wa Thiong'o: *Something Torn and New: An African Renaissance*, New York: BasicCivitas Books, 2009

Ngũgĩ wa Thiong'o: *Herr der Krähen*, München: A1 Verlag, 2011, Ü: Thomas Brückner, OT: *Wizard of the Crow*, 2006

Ngũgĩ wa Thiong'o Ngũgĩ wa Mirii: *I Will Marry When I Want*, Johannesburg: Heinemann, 1980

Kwame Nkrumah: *Africa Must Unite*, Johannesburg: Heinemann, 1963

Kwame Nkrumah: *Neo-Colonialism: The Last Stage of Imperialism*, London: Nelson, 1965

P

Alan Paton: *Denn sie sollen getröstet werden*, Hamburg: Wolfgang Krüger Verlag, 1951, Ü: M. Hackel, OT: *Cry, the Beloved Country*, 1948

Karl Polanyi: *The Great Transformation*, Boston: Beacon Press, 1944

S

Gabriele Schwab: *Haunting Legacies: Violent Histories and Transgenerational Trauma*, New York: Columbia UP, 2010

William Shakespeare: *Julius Cäsar & König Lear*, in: *Sämtliche Werke*, Band 4: Tragödien, Berlin und Weimar, 1975

David Stannard:
American Holocaust: The Conquest oft he New World, New York: OUP, 1992

W

Eric Williams:
Capitalism and Slavery, Richmond: University of North Carolina Press, 1944

Herausgeber*innen

STIMMEN AFRIKAS

Die Veranstaltungsreihe »stimmen afrikas« des Allerweltshauses Köln e.V. stellt seit 2009 in Autorenlesungen, Vorträgen und Gesprächen die Vielfalt und Vitalität der Literaturen unseres Nachbarkontinents vor. Im unmittelbaren Austausch mit den geladenen Schriftsteller*innen unterschiedlicher Sprachen und Nationalitäten werden hier zahlreiche kulturelle, gesellschaftspolitische und globale Themen behandelt. Seit 2009 waren mehr als 120 Autor*innen aus 35 afrikanischen Ländern in Köln zu Gast, haben mit ihren Geschichten Freude am Lesen geweckt und zur Vermittlung eines differenzierten Afrika-Bildes beigetragen. 2019 erschien die Anthologie *IMAGINE AFRICA 2060 — Geschichten zur Zukunft eines Kontinents* (Hg. Christa Morgenrath & Eva Wernecke). *Afrika sichtbar machen!* ist nach *Dekolonisierung des Denkens* die zweite Essaysammlung Ngugi wa Thiong'os, die »stimmen afrikas« mit herausgibt.

EINE-WELT-FORUM MÜNSTER E.V.

Das Eine-Welt-Forum Münster e.V. (EWF) ist ein Zusammenschluss von Eine-Welt-Gruppen in Münster. Grundlage dieses Zusammenschlusses ist der Konsens, gemeinsam an der Überwindung weltweiter Unrechtsstrukturen zu arbeiten und sich vor allem auf kommunaler Ebene für eine Politik der Menschenrechte, weltweiter sozialer Gerechtigkeit und ökologischer Zukunftsfähigkeit einzusetzen. Das Forum versteht sich als Ort des Austausches und der Kommunikation zwischen den verschiedenen Initiativen, ihrer unterschiedlichen Sichtweisen und Handlungsansätze, mit dem Bestreben, jeweils eine möglichst breite Übereinstimmung zu finden. Das EWF e.V. unterstützt das gemeinsame und koordinierte Vorgehen von über 50 Mitgliedsgruppen.

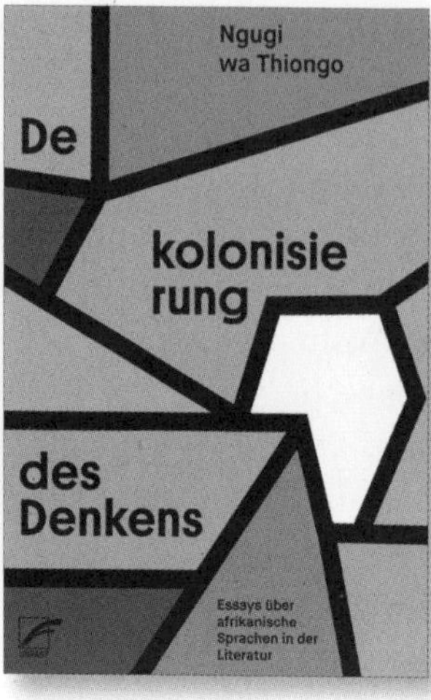

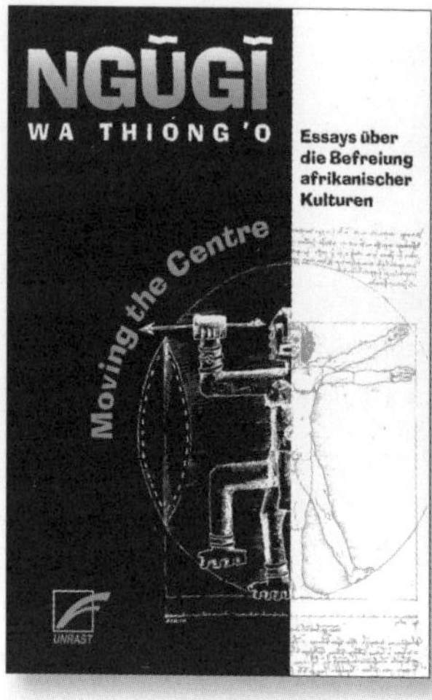

Ngũgĩ wa Thiong'o

Dekolonisierung des Denkens

Essays über afrikanische Sprachen in der Literatur

2. Auflage
272 Seiten | 18.00 €
ISBN 978-3-89771-235-5

Die Bedeutung afrikanischer Sprachen für die kulturelle Entkolonisierung

Sein literarisches Werk macht den kenianischen Kulturwissenschaftler und Schriftsteller Ngũgĩ wa Thiong'o seit vielen Jahren zu einem Kandidaten für den Literaturnobelpreis. In seiner Essay-Sammlung Dekolonisierung des Denkens analysiert er die geistigen Folgen des europäischen Kolonialismus, der Unterdrückung der Sprachen Afrikas und damit auch der Zerstörung von Kulturen.

Die Essaysammlung wird durch aktuelle Beiträge afrikanischer Autor*innen ergänzt, die sich mit der Bedeutung auseinandersetzen, die Ngũgĩ wa Thiong'os Thesen in ihrer Heimat erlangt haben.

» ... endlich ins Deutsche übersetzt ... «
Almut Seiler-Dietrich | Neue Züricher Zeitung

Ngũgĩ wa Thiong'o

Moving the Centre

Essays über die Befreiung afrikanischer Kulturen

2. Auflage
208 Seiten | 18.00 €
ISBN 978-3-89771-236-2

Die Emanzipation von der Dominanz westlicher Zentren über die Kulturen der Welt

Eine Auswahl von Vorträgen und Artikeln des kenianischen Literaturwissenschaftlers und Schriftstellers Ngũgĩ wwa Thiong'o, in denen er eine radikale postkoloniale Kritik formuliert und eine Reihe kulturwissenschaftlicher Thesen aufstellt. So müssen, um die Kulturen der Welt – insbesondere die Afrikas – von nationalistischen, rassistischen und neokolonialen Fesseln befreien zu können, die Zentren der Macht ›verrückt‹ werden: sowohl innerhalb der Nationen als auch zwischen ihnen.

»In den Betrachtungen und Schlussfolgerungen werden die politischen und gesellschaftlichen Realitäten einer schonungslosen Kritik unterworfen [...] Spannende und zum Teil auch provokante Lektüre.«
Info Asien-Afrika-Lateinamerika

UNRAST Verlag | www.unrast-verlag.de | info@unrast-verlag.de

Shakil Choudhury

Deep Diversity

Die Grenze zwischen ›uns‹ und den ›Anderen‹ überwinden

232 Seiten | 16.80 €
ISBN 978-3-89771-243-0

Die Psychologie von Rassismus und Diskriminierung und wie wir es schaffen, sie zu überwinden

Deep Diversity beleuchtet in ebenso zugänglicher wie hochspannender Weise die Frage, wie wir uns und andere wahrnehmen und wie der vermeintliche Unterschied zu Ab- und Ausgrenzung führt. Shakil Choudhury untersucht die Rolle von Emotionen, Trieben und Sozialisation in Bezug auf Rassismus und wie sie mit Herrschaftsverhältnissen verknüpft sind. Deep Diversity motiviert dazu, sich tiefgreifend mit den eigenen ›reflexartigen‹ Einstellung und diskriminierenden Reaktionen auseinanderzusetzen und bietet Wege und Werkzeuge an, die dabei helfen, sich unbewusster Reaktionen in jeder Situation bewusst zu werden und schließlich das eigene Verhalten zu verändern.

Zwischenraum Kollektiv (Hg.)

Decolonize the City!

Zur Kolonialität der Stadt

200 Seiten | 14,00 €
ISBN 978-3-89771-546-2

Eine Verortung der »Europäischen Stadt« und ihrer Herstellung

Die Beiträge zu *Decolonize the City!* fragen aus einer rassismuskritischen Position nach dem Alltag von postkolonialen MigrantInnen und People of Color und ihren Kämpfen in der Stadt, benennen politische Praktiken der Verortung und der Selbstbezeichnung im deutschen/transnationalen Kontext und gehen aus einer selbstbestimmten, solidarischen und verantwortungsvollen Position auf das Verhältnis zwischen Stadt und der Verortung rassifizierter Menschen und Communitys ein. Es werden dabei die Perspektiven derjenigen in den Mittelpunkt gestellt, die als zugleich rassifizierte, vergeschlechtlichte und sexualisierte »Andere« hervorgebracht und gelesen werden – und sich selbst so verstehen oder auch nicht.

»Obwohl ganze fünf Jahre zwischen Konferenz und Buchveröffentlichung liegen, könnten die vorgestellten Debatten, Konzepte und Interventionen kaum aktueller sein.«

Laura Nkula-Wenz | sub\urban